Gütersloher Taschenbücher / Siebenstern 1523

Lese-, Vorlese- und Spielebücher für Kinder zur Advents- und Weihnachtszeit:

GTB 804 *Julie Imker (Hg.):* Advents- und Weihnachtsgeschichten – Kindern erzählt. Mit Bildern von Christian Kämpf, 5. Auflage.

GTB 809 *Steffi Baum (Hg.):* Neue Advents- und Weihnachtsgeschichten – Kindern erzählt. Mit Bildern von Erwin Moser, 4. Auflage.

GTB 812 *Manfred Baumotte (Hg.):* Wir gehen zur Krippe. Advents- und Weihnachtsspiele, 2. Auflage.

GTB 816 *Manfred Baumotte (Hg.):* Kommt mit nach Bethlehem. Neue Advents- und Weihnachtsspiele, 3. Auflage.

GTB 824 *Manfred Baumotte (Hg.):* Laßt uns mit den Hirten gehen. Neue Advents- und Weihnachtsspiele.

GTB 827 *Manfred Mai:* Das neue Adventskalenderbuch. 32 Doppelseiten mit 25 farbigen Illustrationen hinter aufklappbaren Fenstern von Ursula Verburg.

GTB 900 *Klaus Jöhnk:* Das Adventskalenderbuch. 32 Doppelseiten mit 25 farbigen Illustrationen hinter aufklappbaren Fenstern von Christian Kämpf, 3. Auflage.

GTB 1107 *Eric Hultsch:* Anne feiert Weihnachten. Ein Märchen für 24 Adventstage. Mit Vignetten von Sabine Friedrichson.

GTB 1507 *Melanie Schwalbe (Hg.):* Kindern erzählt: Neue Advents- und Weihnachtsgeschichten.

Wir haben seinen Stern gesehen

Neue Advents- und Weihnachtsspiele

Herausgegeben von
Manfred Baumotte

Gütersloher Verlagshaus
Gerd Mohn

Originalausgabe

CIP-Titelaufnahme der Deutschen Bibliothek

Wir haben seinen Stern gesehen: neue Advents- und Weihnachtsspiele / hrsg. von Manfred Baumotte. – Orig.-Ausg. – Gütersloh: Gütersloher Verl.-Haus Mohn, 1990
(Gütersloher Taschenbücher Siebenstern; 1523)
ISBN 3-579-01523-0
NE: GT

ISBN 3-579-01523-0

Umschlaggestaltung: Dieter Rehder, Kelmis / Belgien,
unter Verwendung eines Holzschnitts von Robert Wyss, aus:
Volker Dieter Wolf (Hg.): Weihnachten. Die schönsten Gedichte zu Advent und Weihnachten, Edition Erpf bei Neptun, Kreuzlingen / Schweiz
Gesamtherstellung: Clausen & Bosse, Leck
Printed in Germany

Inhalt

Wie ist das mit Advent?

Aus Erfahrung weiß ich, daß viele Kinder und auch Erwachsene mit dem Wort »Advent« nichts anfangen können. Vielleicht hilft dieses Spiel zum besseren Verständnis. Außerdem habe ich es gleich spielerisch mit Bastelanregungen verbunden, die von den meisten ohne große Erklärung sofort begriffen und nachgemacht werden können. Es eignet sich zur Aufführung in Schulen und Gemeinderäumen.

Bild: *Andeutung eines Zimmers mit Tisch, Stühlen, Hockern und einem kleinen Regal.*
Wir brauchen: *eine Tischdecke, Tannenstrauß, 4 Kerzen in Haltern.*
Bastelzutaten: *Gold- und buntes Folienpapier, Nadel und Faden, Klebstoff, Farbe, etwas Pappe, Weihnachtsklebebilder, 1 mittlere Spandose, 1 Spieluhr mit Weihnachtslied, Rührschüssel, Löffel und Kuchenform, einen fertigen Kuchen, eine spielbereite Spieldose, damit man sie auch vorführen kann. Alle Bastelzutaten gibt es in Bastelgeschäften.*
Herzen und Sterne sollten vorher in größerer Zahl angefertigt werden, damit man sie an den Tannenstrauß anhängen oder am Schluß alle Gäste damit beschenken kann. Das Jäckchen und die Decke müßten auch vorher fertig sein. Da könnten vielleicht die Muttis oder Omas helfen! Oder man leiht sich etwas aus dem Bekanntenkreis.
Darsteller: *8 Kinder für die Dialoge und Lieder – oder ein Extrachor; mehrere Kinder in einfacher Kleidung zum Beschenken (alle Altersstufen); 1 Sprecher oder 1 Sprecherin; 1 Stimme aus dem Hintergrund (kräftige Männerstimme).*

8 Kinder sitzen auf Stühlen oder Hockern um einen Tisch und diskutieren.
1. Kind: Was heißt eigentlich Advent?
2. Kind: Ich weiß es nicht!

3. Kind: Vielleicht kann es uns ein Erwachsener erklären.
4. Kind: Ob wir mal fragen?

Lied der Kinder:
Wir singen im Advent,
die erste Kerze brennt,
die zweite, dritte, vierte auch;
denn das ist so der alte Brauch,
das ist der alte Brauch.

Wir sehn das Kerzenlicht
und können leider nicht
das Wort »Advent« uns deuten;
drum fragen wir bei Leuten,
die doch so vieles wissen,
was wir bei uns noch missen,
könnt ihr es uns erklären?
Wir würden's nicht verwehren.
Nein, nein, nein – nur klüger sein!

Wir singen im Advent ...

Sprecher: So ergeht es den Kindern. Sie singen Lieder vom »Advent« und wissen gar nicht, was das Wort bedeutet. Da müssen wir ihnen helfen und es ihnen erklären.

Stimme aus dem Hintergrund:

ADVENT HEISST ANKUNFT!

5. Kind: Habt ihr die Stimme gehört?
6. Kind: Ja, was hat das zu bedeuten?
7. Kind: Damit kann ich nichts anfangen.
8. Kind: Ich auch nicht. Darum müssen wir weiterfragen.

Lied I

Wir singen im Advent ...

Lied der Kinder:
Wir singen im Advent,
die erste Kerze brennt,
die zweite, dritte, vierte auch,
denn das ist so der alte Brauch,
das ist der alte Brauch.

Wir sehn das Kerzenlicht
und können leider nicht
das Wort »Advent« uns deuten,
drum fragen wir bei Leuten,
die doch so vieles wissen,
was wir bei uns noch missen,
könntet ihr es uns erklären?
Wir würden's nicht verwehren.
Nein, nein, nein, nur klüger sein!

Text u. Melodie: Mathilde Oltmann-Steil

Sprecher: Ihr kennt doch sicher die Vorfreude, wenn man einen lieben Gast erwartet. Dann bereitet man sich auf seine Ankunft vor.

1. **Kind:** O ja, meine Mutter backt dann einen Kuchen.
2. **Kind:** Wir machen die Wohnung blitzeblank sauber.
3. **Kind:** Auf den Tisch legen wir eine hübsche Tischdecke und stellen einen Blumenstrauß darauf.
4. **Kind:** Manchmal singen wir zur Begrüßung ein lustiges Lied.
5. **Kind:** Was hat das alles aber mit Advent zu tun?

Stimme aus dem Hintergrund:

ADVENT HEISST ANKUNFT!

6. **Kind:** Habt ihr wieder die Stimme gehört?
7. **Kind:** O ja, da müssen wir noch einmal nachfragen.
8. **Kind** ruft laut: Hallo! Was soll das bedeuten?

Lied der Kinder:
Hört denn niemand unsre Fragen?
Wer kann uns die Antwort sagen?
Eine Stimme ruft uns zu,
doch wir finden keine Ruh!

Lied II

Text u. Melodie: Mathilde Oltmann-Steil

Stimme aus dem Hintergrund:

ADVENT HEISST ANKUNFT!

Sprecher: Liebe Kinder, hört gut zu! So ist das mit Advent! Wir warten in der Adventszeit auf die Ankunft des Christkindes, das am Heiligen Abend geboren wurde. Jedes Jahr feiern wir seinen Geburtstag aufs neue. Wir gehen dann in die Kirche und hören die Weihnachtsgeschichte aus der Bibel. Oder wir sitzen zu Hause um den Tannenbaum herum, singen Weihnachtslieder und beschenken uns gegenseitig aus Freude über die Geburt des Christkindes.

1. Kind: O fein, darauf freue ich mich schon.

2. Kind: Dann gibt es Geschenke, und wir selbst verschenken auch etwas.
3. Kind: Ja, wir basteln vorher in der Schule, in der Gemeinde oder zu Hause etwas Schönes, was wir den Eltern und Geschwistern am Heiligen Abend geben.
4. Kind: Ich habe im letzten Jahr für Oma und Opa eine Spieldose gebastelt. Damit kann man richtig Weihnachtslieder spielen.
5. Kind: Toll, darüber haben sie sich sicher tüchtig gefreut.
6. Kind: Ich habe bunte Herzen als Anhänger für den Tannenbaum ausgeschnitten.
7. Kind: Ich durfte mit der Mutter Kuchen backen.
8. Kind: Und ich habe gehäkelt und gestrickt.

Lied der Kinder:
Bald nun ist Weihnacht,
und dann sind wir froh.
Sagt, liebe Kinder,
geht's euch ebenso?
Sagt, liebe Kinder,
geht's euch ebenso?

Lied III

Text u. Melodie: Mathilde Oltmann-Steil

Die Kinder gehen singend ab. Zwischenmusik.

Sprecher: Ist die Adventszeit nicht schön? Da kann man sich schon so richtig auf Weihnachten freuen und sich vorbereiten. Man kann zusammen basteln, Plätzchen backen, singen und noch vieles mehr. Jeder sollte überlegen, womit er seinen Lieben eine Freude machen könnte, und nicht immer nur selbst auf die großen Geschenke warten.

1. **Kind** *(kommt wieder zurück)*:
Ich habe eine Idee! Wir basteln in diesem Jahr hübsche Sachen und schenken sie Kindern, die nicht soviel haben wie wir. Ich glaube, darüber würde sich auch das Christkind freuen.
Alle Kinder kommen zurück und bringen ihre (zum Teil) fertigen Bastelsachen mit.
2. **Kind:** Ich habe Goldfolie mitgebracht und schneide lauter Sterne aus. Die klebe ich dann auf Pappe, ziehe einen Faden durch, und fertig sind die Anhänger für den Tannenbaum.
3. **Kind:** Komm, ich helfe dir dabei.
4. **Kind:** Ich mache wieder eine Spieldose. Dazu brauche ich eine mittlere Spanschachtel, bunte Farbe zum Bemalen oder Aufkleber mit Weihnachtsmotiven. Dann fehlt noch ein Spielapparat mit einer Weihnachtsmelodie – gibt es alles in Bastelgeschäften –, und schon kann es losgehen. Die Schachtel wird bunt bemalt oder beklebt, der Spielapparat in die Schachtel eingeklebt – der Einschnitt für die kleine Drehkurbel darf nicht vergessen werden –, und fertig ist die Spieldose. Sie klingt ganz zart und wird sicher dem Beschenkten viel Freude machen.
5. **Kind:** Ich backe einen Kuchen (*rührt mit dem Löffel pro forma in der Rührschüssel und geht mit der Kuchenform hinaus*).
6. **Kind:** Ich schneide aus buntem Folienpapier lauter kleine Herzen aus. Wenn ich einen Faden durchziehe, kann ich sie am Tannenbaum aufhängen. Ohne Faden sind sie eine schöne Verzierung für die Geschenkpäckchen.
7. **Kind:** Ich stricke einen Pulli für ein Kleinkind ...
8. **Kind:** ... und ich eine warme Decke zum Einkuscheln.
Alle Kinder setzen sich um den Tisch und fangen an zu arbeiten. Die Sachen müßten allerdings schon vorher fertig sein. Man tut nur so, als ob man sie dort herstellt.

Sprecher: Seht nur, wie fleißig unsere Kinder sind. Es macht doch wohl großen Spaß, anderen Freude zu bereiten. Wenn ihr, liebe Zuschauer, gut aufpaßt, könnt ihr die Sachen leicht nachmachen. So bekommt ihr gleich selber Anregungen zum Basteln. Wir wollen aber einmal hören, ob unsere Kinder jetzt wissen, was »Advent« bedeutet.

Die Kinder rufen:

ADVENT HEISST ANKUNFT!

Lied der Kinder:
Advent, du schöne Vorweihnachtszeit,
machst unsre Herzen groß und bereit.
Wir warten auf dich, Christkindelein,
du sollst uns herzlich willkommen sein.

Und liegst du auch im Stall arm auf Stroh,
so geht es vielen doch ebenso.
Wir wolln ihnen an der Seite stehn
und ihre bittenden Augen sehn.

Lied IV

Text u. Melodie: Mathilde Oltmann-Steil

Sprecher: Liebe Kinder, ich finde es toll von euch, daß ihr anderen Kindern helfen wollt, die es nicht so gut haben wie ihr. Die Bilder im

Fernsehen zeigen uns allen, wieviel Not es überall gibt. Manche Kinder kommen nur mit dem, was sie auf dem Leib tragen, aus Ländern, wo man sie nicht haben will oder wo es Krieg und Hunger gibt. Ladet euch einmal Kinder aus einem Vertriebenenlager ein. Ihr werdet sehen, wie sich diese noch über Dinge freuen können, die es bei uns im Überfluß gibt. Da wird sich auch das Christkind freuen; denn es hat ja die Armut am eigenen Leib erfahren.

1. Kind: Wir räumen jetzt unseren Tisch auf. *(Alle räumen mit auf.)*
2. Kind: Ich hole eine Tischdecke und einen Tannenstrauß. *(Die Decke liegt im Regal, der Strauß steht fertig in einer Vase in der Ecke.)*
3. Kind: Meine Goldsterne kann ich gleich dranhängen.
4. Kind: Die Spieldose ist auch fertig. Hört mal, wie schön sie klingt!
5. Kind *(kommt mit einem Kuchen herein)*: Ich habe einen Kuchen gebacken? Ist er nicht lecker?
6. Kind: Meine bunten Herzen kann ich auch an den Tannenbaum hängen.
7. Kind: An meinem Pulli fehlt nur noch ein Knopf *(näht ihn an).*
8. Kind: Meine Decke ist auch fertig. Damit kann sich ein Kind warm einpacken.
1. Kind: Ich stelle noch ein paar Kerzen auf den Tisch *(stellt die Kerzen hin und zündet sie an).* Jetzt ist alles fertig, und wir können unsere Gäste einladen.
Licht etwas abdunkeln.

Lied der Kinder:
Ihr Kinder, kommt geschwind herbei,
wir bringen unsre Gaben.
Ihr werdet dran, das glauben wir,
auch eure Freude haben.

Lied V

Alle:
C F G C Am G
Ihr Kin -der,kommt ge- schwind her-bei, wir brin-gen uns- re
C C F G C
Ga - ben. Ihr wer - det dran, das glau - ben wir, auch
5.Kind:
Am G C F
eu - re Freu - de ha - ben. Der Ku - chen soll euch
4.Kind: 1.Kind:
C F C
schmek -ken- die Mu - sik soll euch wek -ken - Ich
6. Kind:
F C F
schen-ke euch die Ker - zen - und ich die bun - ten
Alle:
C C G C
Her - zen. Ihr Kin - der,kommt ge - schwind her -bei, wir
Am G C C F
brin-gen uns -re Ga - ben. Ihr wer -det dran, das
2. Kind:
G C Am G C
glau- ben wir, auch eu - re Freu- de ha - ben. Wir
3. Kind:
F C F
brin -gen gold - ne Ster - ne, die ba -stel - ten wir
8. Kind:
C F C
ger - ne - Ich strick-te euch ein Jäck -chen - und
Alle:
F C C F
ich ein war - mes Deck -chen. Ihr wer - det dran, das

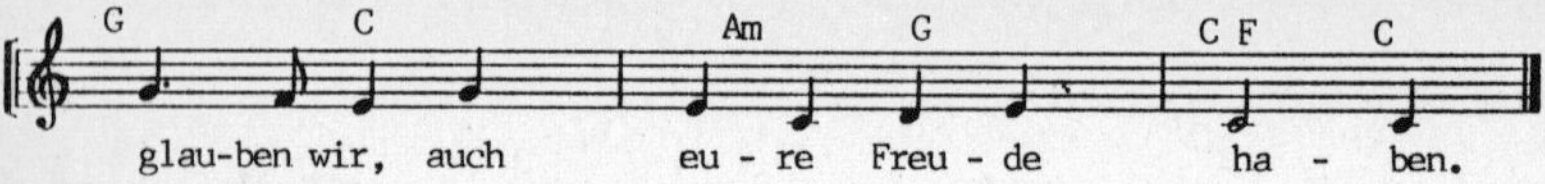

Text u. Melodie: Mathilde Oltmann-Steil

Mehrere Kinder kommen von rechts heran. Sie sollten ganz einfach angezogen sein.

5. **Kind:** Der Kuchen soll euch schmecken. *(Gibt ihn an eines der Kinder.)*

4. **Kind:** Die Musik soll euch wecken. *(Spielt einmal vor und gibt sie ab.)*

1. **Kind:** Ich schenke euch die Kerzen. *(4 Adventskerzen werden an 4 Kinder gegeben.)*

6. **Kind:** Und ich die bunten Herzen. *(Verteilt sie an alle.)*

Ihr Kinder, kommt geschwind herbei,
wir bringen unsre Gaben.
Ihr werdet dran, das glauben wir,
auch eure Freude haben.

Mehrere Kinder kommen von links heran.

2. **Kind:** Wir bringen goldne Sterne,

3. **Kind:** ... die bastelten wir gerne.

(Beide verteilen sie.)

7. **Kind:** Ich strickte euch ein Jäckchen *(gibt es an ein Kind)*.

8. **Kind:** Und ich ein warmes Deckchen.

Alle singen: Ihr werdet dran, das glauben wir, auch eure Freude haben.

Wenn man die Unruhe des Verteilens beim Singen vermeiden will, kann man auch erst das Lied singen und am Schluß alles der Reihe nach verschenken.

Sprecher: Nun wollen wir uns alle auf Weihnachten freuen. Jetzt wißt ihr, was Advent bedeutet.

Stimme aus dem Hintergrund:

ADVENT HEISST ANKUNFT!

Alle Kinder rufen:

ADVENT HEISST ANKUNFT!

Sprecher: Ja, wir warten auf das Christkind und wollen es freudig empfangen.

Alle stellen sich vorn auf, die Kinder mit den 4 Kerzen kommen in die Mitte, und sie singen gemeinsam das Lied aller Kinder:

Lied VI

Und zünden wir die zweite an,
dann ist es ebenso.
Sie leuchtet auf dem Weg voran
und macht die Herzen froh.

Da wird der Weg zur Krippe klar,
wir spüren seinen Sinn.
Das dritte Licht, so wunderbar,
führt uns zur Weihnacht hin.

Doch wird mit seinem hellen Schein
das vierte Licht entfacht,
dann wissen alle, groß und klein,
es naht die Heil'ge Nacht –

Text u. Melodie: Mathilde Oltmann-Steil

Wenn man vorher genug Sterne und Herzen gebastelt hat, könnte man am Schluß des Spieles jedem Gast einen Anhänger mitgeben.

Mathilde Oltmann-Steil

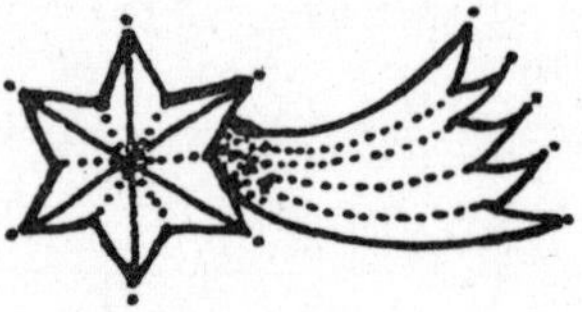

Advent – Kanon

Text: Elke Bräunling
Kanon: Paul G. Walter

Die Tür zur Weihnacht

Dieses Spiel soll den Kindern verdeutlichen, was es bedeutet, wenn es in Weihnachtsliedern heißt »Machet die Türen und Tore weit auf« und »Macht hoch die Tür« etc. Die Advents- und Weihnachtszeit ist die Zeit der offenen Türen. Was können Kinder tun, um ihrerseits auch eine Tür zu öffnen?
Eine Tür wird mit Kartons »zugemauert«. Dahinter sollen brennende Kerzen, ein Adventskranz mit brennenden Kerzen oder vielleicht sogar ein Lichterbaum stehen. Aber – die Kartons trennen von dem Licht – die Tür zur Weihnacht ist noch verschlossen.

1. Kind: Es ist Advent – die stille Zeit ...
2. Kind: ... und Weihnachten ist nicht mehr weit.
3. Kind: Wir warten, daß bald Weihnacht werde ...
4. Kind: ... für alle Menschen auf der Erde.
Alle: Macht alle eure Türen auf
hier in der Stadt, landab, landauf!
5. Kind: Die Türen müssen offen sein ...
6. Kind: ... bei allen Menschen, groß und klein.
7. Kind: Das Weihnachtslicht mit hellem Schein ...
8. Kind: ... kehrt dann erst in die Häuser ein.
Alle: Drum sagen wir, singt alle mit
bei unserm Weihnachtstürenlied!

2. Wenn ich lieb und artig bin
und die Tannenzweige bring',
dann öffnet sich, es ist nicht schwer,
die Tür zur Weihnacht immer mehr.

3. Wenn ich dir was Schönes schenk'
und mal nicht an mich nur denk',
dann öffnet sich, es ist nicht schwer,
die Tür zur Weihnacht immer mehr.

4. Wenn ich mich auch nicht mehr rauf'
und nicht soviel Süßes kauf',
dann öffnet sich, es ist nicht schwer,
die Tür zur Weihnacht immer mehr.

5. Wenn ich Oma oft besuch'
und auf niemanden mehr fluch',
dann öffnet sich, es ist nicht schwer,
die Tür zur Weihnacht immer mehr.

6. Wenn ich dich nicht immer stör'
und auch manchmal auf dich hör',
dann öffnet sich, es ist nicht schwer,
die Tür zur Weihnacht immer mehr.

Die Kinder singen, und bei jedem Refrain dürfen sie einen Karton oder mehrere Kartons – je nach Menge – von der Tür wegnehmen, bis die Tür offen ist und das Licht hell erstrahlt.

Text: Elke Bräunling
Musik: Paul G. Walter

Wenn die erste Kerze brennt

2. Wenn die zweite Kerze brennt
im Advent, im Advent,
hörn wir wieder die Geschichten,
die von damals uns berichten,
als das Kind im Stall zur Nacht
ward zur Welt gebracht.

3. Wenn die dritte Kerze brennt
im Advent, im Advent,
danken wir beim Licht der Kerzen
Gott, dem Herrn, von ganzem Herzen,
weil er in die dunkle Nacht
uns sein Licht gebracht.

4. Wenn die vierte Kerze brennt
im Advent, im Advent,
laßt das Licht doch weiterwandern,
von dem einen zu dem andern,
daß ein jeder hier und heut
sich von Herzen freut.

Text: Rolf Krenzer
Melodie: Paul G. Walter

Wir tragen das Licht in die Welt hinein

2. Wir tragen das Licht in die Welt hinaus
und tragen es weiter von Haus zu Haus.
Fürchtet euch nicht,
von Gott kommt das Licht.
Fürchtet euch nicht,
denn Gott ist das Licht.

3. Wir bringen das Licht so von Land zu Land
und geben es weiter von Hand zu Hand.
Fürchtet euch nicht,
von Gott kommt das Licht.
Fürchtet euch nicht,
denn Gott ist das Licht.

4. Es leuchtet das Licht in die Dunkelheit
und schenkt neuen Mut und Geborgenheit.
Fürchtet euch nicht,
denn Gott ist das Licht.
Fürchtet euch nicht
und geht mit dem Licht.

Text: Rolf Krenzer
Melodie: Paul G. Walter

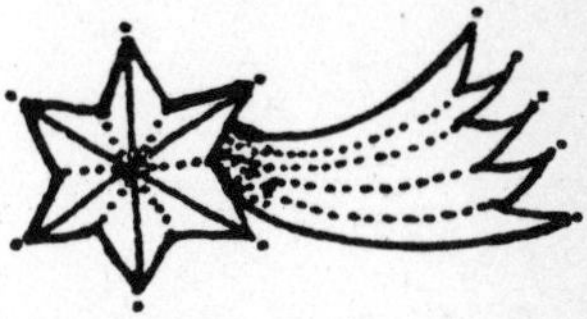

Die Kerzensprache

Welche Bedeutung hat das Licht gerade in der Weihnachtszeit? Dieses Spielstück versucht den Kindern dies bewußtzumachen. Kinder versuchen Kindern zu erklären, was es mit dem Adventslicht auf sich hat.
Kinder sitzen im Kreis, in der Mitte steht der Adventskranz mit vier Kerzen.

2. Nun zünden wir die Kerzen an.
Macht mit! Kommt alle her!
Das Kerzenlicht, es strahlt uns an,
und das freut uns so sehr,
denn es sagt leise: »Seid bereit!
Weihnachten ist nicht mehr weit.«

3. Nun zünden wir die Kerzen an.
Es glänzt der helle Schein,
und er erinnert uns daran:
»Es wird bald Weihnacht sein.«
Er sagt uns leise: »Seid bereit!
Weihnachten ist nicht mehr weit.«

Das Lied ist zu Ende. Die Kinder wollen gerade die Kerzen anzünden.

1. Kind: Warum zünden wir in der Weihnachtszeit Kerzen an?
2. Kind: Weil Advent ist.
3. Kind: Wir freuen uns auf Weihnachten ...
4. Kind: ... und auf das Kind in der Krippe.
2. Kind: Die Kerzen sagen: Bald ist Weihnachten.
1. Kind: Kerzen können nicht sprechen.
2. Kind: Doch. In der Kerzensprache.
1. Kind: Das verstehe ich nicht.
Die anderen: Ich auch nicht, ich auch nicht.
Das 2. Kind steht auf und macht das Licht aus.
2. Kind: Ich zeig' es euch.
3. Kind: Uihh, ist das dunkel.
4. Kind: Schnell, mach das Licht wieder an. Ich hab' Angst.
1. Kind: Das ist ja richtig gruselig.
Ein Streichholz zischt, und das 2. Kind zündet die erste Kerze am Adventskranz an, dann, nach einer kurzen Pause, die zweite, die dritte, die vierte. Die Kinder atmen hörbar und erleichtert auf.
1. Kind: Gott sei Dank.
3. Kind: Wie schön das Licht brennt.
4. Kind: Es ist richtig gemütlich geworden ...

1. Kind: ... und kuschelig warm.
4. Kind: Angst habe ich jetzt keine mehr. Danke, Licht.
2. Kind *(lacht)*: Haha. Ihr versteht die Kerzensprache ja doch.
1. Kind: Oh, ich mag die Kerzensprache.
3. Kind: Das kribbelt so richtig schön im Bauch.
2. Kind: Die Kerzen sagen: Freut euch und fühlt euch ganz doll wohl! Hört ihr es auch?
4. Kind: Ja *(überlegt)*. Das gibt's aber nicht nur zu Weihnachten. Als unsere Katze Junge kriegte, hab' ich mich auch so froh gefühlt.
1. Kind: Ich auch. Als meine Oma aus dem Krankenhaus kam.
3. Kind: Als ich mich mit Benni wieder versöhnte.
... beliebig fortsetzen. Alle Kinder im Kreis überlegen sich, wann es ihnen mal warm ums Herz geworden ist ...

Lied: »Danke«, sag' ich leise dann

2. Wenn am Kranz die Kerze brennt,
klopft mein Herz ganz laut,
und dann klopft es,
und dann pocht es,
und ich krieg' 'ne Gänsehaut.

»Danke«, sag' ich leise dann,
»daß ich mich so freuen kann.«

3. Weil bald wieder Weihnacht ist,
fühl' ich mich so froh,
und dann kribbelt's,
und dann zappelt's,
und es brodelt lichterloh.
»Danke«, sag' ich leise dann,
»daß ich mich so freuen kann.«

4. Und wenn wir zusammen sind
unterm Weihnachtsbaum,
spür' ich's klingen,
hör' ich's singen
wie im allerschönsten Traum.
»Danke«, sag' ich leise dann,
»daß ich mich so freuen kann.«

Texte: Elke Bräunling
Melodien: Paul G. Walter

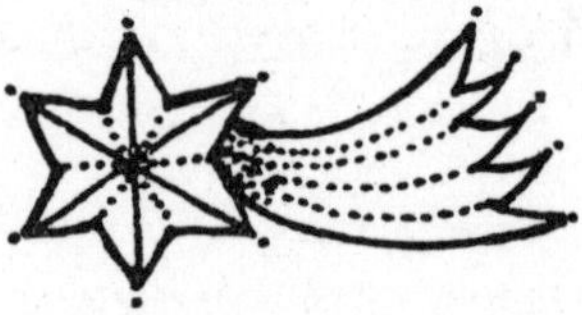

Vierundzwanzig gute Taten – Adventskalenderlied

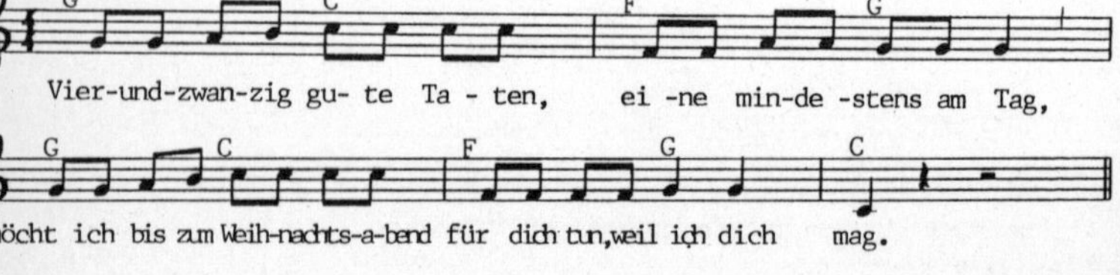

2. Schuhe putzen,
Freude zeigen,
wenn es sein muß, auch mal schweigen,
nicht verschmutzen,
Abwasch machen
und mit dir ganz einfach lachen.
Und eins, zwei, drei – siehst du es nicht –,
brennt am Kranz das zweite Licht.

3. Ordnung machen,
artig bleiben
und 'ne gute Note schreiben,
mit dir lachen,
früh aufstehen
und mit Fifi Gassi gehen.
Und eins, zwei, drei ist's nicht mehr weit,
schon beginnt die Weihnachtszeit.

4. Plätzchen backen,
Fenster schmücken
und dir Tannenzweige pflücken,

Päckchen packen,
Schrank aufräumen
und mit dir was Schönes träumen.
Und eins, zwei, drei, du glaubst es kaum,
stehn wir unterm Weihnachtsbaum.

Schluß:
Diesen Weihnachtswunschkalender
schenk' ich dir zum Weihnachtstag.
Vierundzwanzig gute Taten
und noch mehr, weil ich dich mag.

Kreisspiel: Kinder bilden einen Kreis um ein großes (imaginäres) Paket. Sie tanzen um das Paket herum (beim Refrain), und bei den Versen stellen sie die einzelnen Weihnachtswünsche pantomimisch dar und legen sie ins Paket hinein.

Text: Elke Bräunling
Melodie: Paul G. Walter
© Musikbär Verlag, Schriesheim

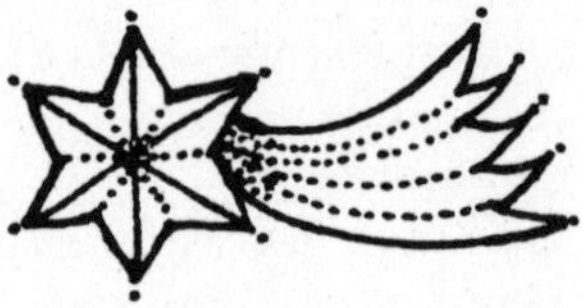

Einfaches Nikolausspiel

Immer noch kommt es vor, daß Kinder Angst vor dem Nikolaus haben. Dieses kleine Rollenspiel soll Kindern die Angst nehmen, soll zeigen, daß der Nikolaus nicht die Schreckensgestalt ist, wie oft überliefert, sondern daß es sich um eine verkleidete Person handelt, die in Erinnerung an den heiligen Nikolaus Gutes tut.
Kinder spielen hier selbst Nikolaus. Ein Freiwilliger stellt den Nikolaus dar. Alle sind dabei und helfen beim Verkleiden mit Handreichungen und Anziehhilfen. Und da beginnt auch schon das Spiel.

2. Zieht ihm den roten Mantel an
und einen hohen Hut
und um den Bauch 'nen Gürtel dann.
Ja, das steht ihm sehr gut.

3. Nun fehlt nur noch der Wattebart,
den kleben wir sodann
ganz silberweiß und kuschlig zart
an Peters Kinn fest an.

4. Juchu, nun sieht der Peter aus
fast wie der Nikolaus,
und dieser nette Nikolaus
kommt jetzt zu uns ins Haus.

Nun beginnt unser Nikolausspiel.

Lied *(alle)*:

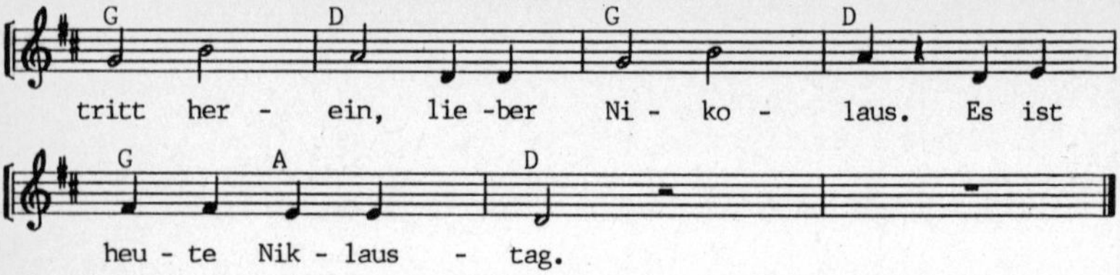

Gesprochen, einzeln und abwechselnd:
– Wie schön, daß du gekommen bist,
– wir haben uns auf dich gefreut
– und gewünscht, daß du uns nicht vergißt
– an diesem Niklaustag heut.

Lied *(alle)*:

Gesprochen, einzeln und abwechselnd:
– Wir haben sehr an dich gedacht
– und für dich etwas ausgemacht.
– Heut schenken wir dir auch mal was,
– denn das macht uns großen Spaß.

Die Kinder überreichen dem Nikolaus ein selbstgebasteltes Geschenk oder eine Kerze oder etwas Selbstgebackenes.

Lied des Nikolaus

2. Ich freue mich, und ein Dankeschön,
daß ihr mich beschenkt,
das ist toll, und ich find's wunderschön,
wenn ihr an mich auch denkt.

Nikolaus *(gesprochen)*:
Nun kommt zu mir, es ist höchste Zeit.
Kommt, greift hier mal hinein.
Viel Schönes hält der Sack bereit
für euch – so soll es sein.

Der Nikolaus öffnet seinen Sack und nickt den Kindern freundlich zu. Die Kinder gehen zum Nikolaus, und jeder darf sich aus dem Sack ein Geschenk herausnehmen. Sie freuen sich.

Lied *(alle)*:

Sie verabschieden sich voneinander. Dann schultert der Nikolaus seinen Sack und geht hinaus. Die Kinder winken ihm noch lange nach und rufen: **Auf Wiedersehen!**

Texte: Elke Bräunling
Melodien: Paul G. Walter
© Musikbär Verlag, Schriesheim

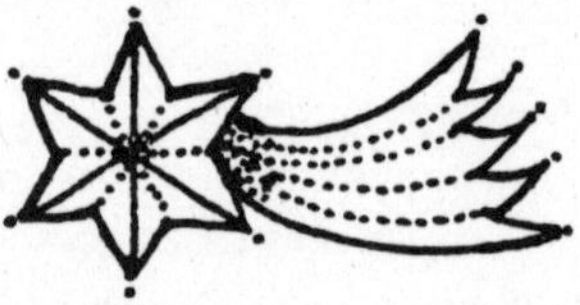

Nikolaus

2. Dein Sack ist groß und wiegt soviel.
Was mag im Sack wohl sein?
Ja, wer es von euch wissen will,
greift in den Sack hinein.
Was du in deinen Sack gepackt ...

3. Wie kommt es, wenn du von uns gehst,
dann ist dein Sack ganz leer.
Wenn du vor Nachbars Haustür stehst,
ist er schon wieder schwer!
Was du in deinen Sack gepackt ...

4. Bedächtig hat der alte Mann
gesagt: »Daß ihr es wißt:
Es gibt auch was, was ich nur kann
und mein Geheimnis ist!«
Was du in deinen Sack gepackt ...

Text: Rolf Krenzer
Melodie: Paul G. Walter

Nikolaus-Tanzspiel

Ein fröhliches Nikolausfest mit vertauschten Rollen. Jedes Kind darf einmal der Nikolaus sein und wird dafür auch noch beschenkt.
Kinder bilden einen Kreis, im Kreis steht ein Sack (gefüllt mit kleinen Geschenken, Basteleien, Äpfeln, Lebkuchen u. a.). Ein Kind darf Nikolaus sein und zieht sich eine rote Mütze an. Das Spiel beginnt: Was die Kinder im Kreis singen, wird pantomimisch dargestellt. Zum Schluß erhält der Nikolaus ein Geschenk, denn dieses Mal soll es umgekehrt sein: Die Kinder geben dieses Fest für den Nikolaus, und klar, daß dazu auch ein Geschenk gehört.
Jedes Kind ist einmal an der Reihe mit dem Nikolausspiel. Entweder nach jedem Vers oder nach dem ganzen Lied ist das nächste Kind durch Abklatschen an der Reihe.

Gesprochen: Eins, zwei, drei,
wer ist an der Reih'?
Abklatschen

2. Nikolaus, komm, spiel mit uns
Katz und Maus,
und eins, zwei, drei, schnell wie der Blitz,
bist du draus.
Tralalalala!
Spielen! Heißassa!
Unser Fest ist wunderbar.

3. Nikolaus, komm, lach mit uns,
weil's dich freut,
daß wir hier froh zusammen sind
hier und heut.
Tralalalala!
Lachen! Hahaha!
Unser Fest ist wunderbar.

4. Nikolaus, komm, sing mit uns
dieses Lied
von unserm schönen Niklausfest.
Hey, sing mit
Tralalalala!
Singen! Tirila!
Unser Fest ist wunderbar.

Schluß:
Wir feiern heute Nikolaus
mit einem Fest ganz fein,
und dies Geschenk hier in dem Sack
soll für den Niklaus sein.

Die Kinder im Kreis halten den Sack für den Nikolaus auf, der darf hineingreifen und sich ein Geschenk herausholen. Dann beginnt das Spiel von vorne. Bei »Eins, zwei, drei, wer ist an der Reih'« darf der Nikolaus durch Abklatschen das nächste Kind auswählen.

Texte: Elke Bräunling
Melodien: Paul G. Walter

Oh, du schöne Weihnachtsfreude

Ort: *Eine belebte Einkaufsstraße in einer x-beliebigen Stadt; Kaufhaus Dottermann mit viel Reklame, Bratwurststand, zwischen Kaufhaus und Bratwurststand ein Tannenbaum mit Lichtern; Wolkenhaus des Weihnachtsmannes.*
Personen: *Passanten im Weihnachtseinkaufsgewühl; Bote des Weihnachtsmannes, als Reporter verkleidet; Weihnachtsmann und seine Gehilfen; Erzähler.*
Szene: *Die Bühne besteht aus zwei Aktionskreisen. Links der Wohnort des Weihnachtsmannes (Wolke, Thronsessel, großes Fernrohr etc., weihnachtliche Ausstattung); rechts die Einkaufsstraße mit Kaufhaus, Reklame, Lärm etc.*
In der Mitte der Erzähler.
Darsteller: *8 bis beliebig viele.*
Dauer: *ca. 30–45 Minuten.*
Alter: *ab 8 Jahre.*

Erzähler:
Bald ist Weihnachten, und die Menschen bereiten sich auf das Fest vor. Die Straßen in den Städten sind festlich geschmückt mit Lichterketten und Tannenbäumen; in den Fenstern der Häuser hängen bunte Weihnachtssterne, und aus Geschäften und Kaufhäusern tönt laute Weihnachtsmusik. Festlich und schön ...
Festlich? Und schön? Hmm! Der Weihnachtsmann in seinem Wolkenhaus schüttelt bedenklich den Kopf. Tag für Tag steht er an seinem Erdenfernrohr und beobachtet die Weihnachtsvorbereitungen der Menschen. Er macht sich Sorgen, große Sorgen.

Im Wolkenhaus des Weihnachtsmannes

Weihnachtsmann *(am Fernrohr, kopfschüttelnd):* Das gefällt mir nicht. Was treiben sie bloß da unten?
1. Gehilfe: Wer?

Weihnachtsmann *(erregt):* Die Menschen natürlich. Da, seht! *Er winkt seine Gehilfen zum Fernrohr. Abwechselnd sehen sie durch das Fernrohr auf die Erde.*
1. Gehilfe: Oh, was für ein Betrieb!
2. Gehilfe: Warum haben es alle so eilig?
3. Gehilfe: Und warum herrscht solch ein Lärm?
Weihnachtsmann: Oh, sie bereiten sich auf Weihnachten vor.
Die Gehilfen *(lachen):* Hoho, haha, hihi.
2. Gehilfe: Weihnachten ist doch ein ruhiges Fest ...
1. Gehilfe: ... voller Frieden und Besinnlichkeit ...
3. Gehilfe: ... und leiser Musik!
Weihnachtsmann *(seufzt):* Das dachte ich auch.

Lied
(des Weihnachtsmannes und seiner Gehilfen)

Schön ist's in der Weihnachtszeit

2. Tannenzweige, Plätzchenduft.
Engelshaar schwebt durch die Luft.
Friede und Besinnlichkeit.
Schön ist's in der Weihnachtszeit.

3. Heimlichkeiten, Wichtelei.
Da sind alle gern dabei.
Spannung und Beschaulichkeit.
Schön ist's in der Weihnachtszeit.

4. Basteleien, Krippenspiel.
Ach, zu tun gibt's jetzt soviel.
Freude und Gemeinsamkeit.
Schön ist's in der Weihnachtszeit.

5. Weihnachtslieder und Musik.
Kinderaugen hell vor Glück.
Lichterglanz und Festlichkeit.
Schön ist's in der Weihnachtszeit.

1. Gehilfe: Schöön! Die Weihnachtszeit ist eine schöne Zeit.
3. Gehilfe: O ja! Ich freue mich darauf, auch wenn wir Weihnachtsmanngehilfen da besonders viel zu tun haben.
2. Gehilfe: Und die Menschen? Die freuen sich doch bestimmt auch sehr auf Weihnachten?
Weihnachtsmann *(seufzt wieder):* Nun, da bin ich mir nicht mehr so sicher *(blickt wieder durchs Fernrohr).* Also, wenn ich das da unten sehe ... hmmm, nach Freude sieht es eigentlich nicht aus *(schüttelt wieder den Kopf).* Ich wüßte gerne, was die Menschen denken. Ob sie sich freuen?
1. Gehilfe *(springt auf):* Fragen wir sie doch!
2. Gehilfe: Ja, gehn wir hinunter und fragen die Menschen.
Weihnachtsmann *(klatscht in die Hände):* Eine gute Idee. Machen wir uns auf die Suche nach der Freude!

Lied
(Weihnachtsmann und seine Gehilfen)

Lied von der Weihnachtsfreude

Freude, Freude, Freude
in der Weihnachtszeit.
Freude, Freude, Freude
allen Menschen
hier und heute,
alle Zeit.

Freude, Freude, Freude
hier und heute,
alle Zeit.

Erzähler:

Aus ist's mit der vorweihnachtlichen Stille im Wolkenhaus des Weihnachtsmannes. Es herrscht aufgeregtes Durcheinander. Wie macht man sich am besten auf die Suche nach der Weihnachtsfreude? Nach einigem Überlegen ruft der Weihnachtsmann Engelbert, seinen neugierigsten Gehilfen, zu sich und sagt: »Du wirst als Zeitungsreporter verkleidet nach ... gehen und die Menschen nach Weihnachten fragen!« Und während Engelbert nach ... hinabsteigt, versammelt der Weihnachtsmann seine Gehilfen um das Fernrohr. Wenig später steht ein neugieriger Reporter in der belebtesten Straße von ... mitten im Menschengewühl. Schüchtern starrt er die Vorbeieilenden an. Wen soll er nun nach Weihnachten fragen?

In der Einkaufsstraße

Engelbert steht als Reporter verkleidet, Mikrophon in der Hand und Aufnahmegerät über der Schulter, am Kaufhaus Dottermann. Eine mit Paketen und Tüten bepackte Frau kommt des Wegs. Sie sieht erschöpft aus, so als würde sie unter der Last zusammenbrechen. An der Hand zieht sie ein weinendes Kind hinter sich her. Der Reporter stellt sich ihr in den Weg. Weihnachtsmann und Gehilfen sehen abwechselnd durchs Fernrohr.

Reporter: Guten Tag, gnädige Frau. Nur eine kurze Frage: Was bedeutet Weihnachten für Sie?
Frau *(bleibt stehen, sieht den Reporter verdutzt an, sprudelt los):* Eine kurze Frage nennen Sie das? Weihnachten? Was das bedeutet, sehen Sie doch: Ich hetze wie ein Packesel durch die Straßen, meine Füße tun weh, und das ist noch nicht alles: Zu Hause wartet Arbeit auf mich. Möchten Sie es wissen? Ja? *(Sie winkt ab.)* Ach, es führt ja doch zu nichts ... Weihnachten! Das ist für mich die schlimmste Zeit im Jahr. Hinterher bin ich urlaubsreif. Das können Sie mir glauben.
Reporter: Und Ihre Kinder? Freuen die sich auf Weihnachten?
Frau: Die Kinder? Die grübeln andauernd über ihre Wünsche nach und haben Angst, daß sie weniger geschenkt bekommen als ihre Freunde *(sie seufzt)*. Ja, das ist Weihnachten. Heutzutage. Ich hoffe, ich habe Ihre Frage beantwortet. Doch wenn Sie mich fragen: Weihnachten sollte abgeschafft werden. Soweit – und adieu ... *(Geht weiter, dreht sich nochmals um und ruft:)* ... Ach ja, und Ihnen auch ein frohes Fest!
Reporter *(verdutzt, stottert):* Da-da-danke!
Er hebt fragend die Arme und sieht zum Wolkenhaus des Weihnachtsmannes hin.

Im Wolkenhaus des Weihnachtsmannes

Kopfschütteln, Verwunderung.
Alle:
Gesungen: Seht ihr die Mutter mit dem Kind?
Unerhört! Unerhört!

Gesprochen: Vollbepackt hetzt sie geschwind
durch die Straßen. Keiner hört,
daß das Kind weint. Unerhört!
Gesungen: Oh, du schöne Weihnachtsfreude!
Wo bist du geblieben heute?

Oh, du schöne Weihnachtsfreude

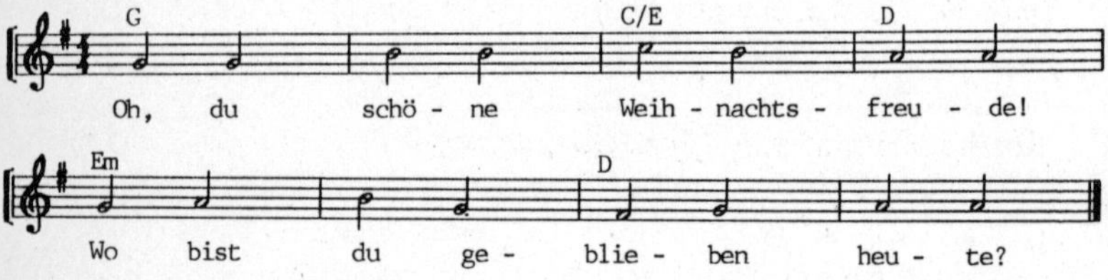

In der Einkaufsstraße

Der Reporter eilt zu einem alten Mann, der keuchend an einer Hauswand lehnt.
Reporter: Kann ich Ihnen helfen? Geht es Ihnen nicht gut?
Alter Mann: Sie sind der erste Mensch, der hier nach mir fragt. Danke, es geht schon wieder. Schwindlig ist mir geworden im Gedränge. Es ist so voll überall. Doch ich muß die Geschenke für meine Enkel kaufen.
Reporter: Darf ich Sie etwas fragen?
Alter Mann: Nur zu, junger Mann.
Reporter: Also, ich mache eine Umfrage und möchte gerne wissen: Was bedeutet Ihnen Weihnachten?
Alter Mann: Weihnachten? Da muß ich immer an früher denken, als meine Frau noch lebte und die Kinder klein waren. Schön war das, ruhig und sehr harmonisch *(er schließt die Augen, seufzt)*. Jaa, früher!
Reporter: Und was ist Weihnachten heute für Sie?
Alter Mann *(traurig)*: Heute? Man ist halt alleine, nicht wahr? Die Kinder laden mich zwar zu ihrer Feier ein, doch irgendwie fühle ich

mich da fremd. Ihre Art zu feiern ist so anders, wenn Sie verstehen. Nein, nein, das ist kein rechtes Weihnachten. Da bleibe ich lieber zu Hause. Sie können mich ja mal besuchen!

Reporter: Vielen Dank für die Einladung. Ich komme gerne.

Alter Mann *(nickt froh)*: Schön. Ich freue mich – und ich werde Ihnen erzählen, von Weihnachten, von früher. Ja, kommen Sie bald.

Reporter: Ganz bestimmt – und vielen Dank.

Er winkt dem alten Mann nach, blickt dann fragend zum Wolkenhaus des Weihnachtsmannes.

Im Wolkenhaus des Weihnachtsmannes

Weihnachtsmann *(niedergeschlagen)*: Der arme Mann.

1. Gehilfe: Er ist einsam ...

2. Gehilfe: ... und Weihnachten scheint ihn nicht mehr zu freuen.

3. Gehilfe: Doch das interessiert ja keinen.

Alle *(wie oben)*:

Gesungen:	Seht euch den alten Mann dort an! Unerhört! Unerhört!
Gesprochen:	Erschöpft lehnt er sich an die Wand. Es geht ihm schlecht, doch keiner hört seinen Hilferuf. Unerhört!
Gesungen:	Oh, du schöne Weihnachtsfreude! Wo bist du geblieben heute?

2. Gehilfe: Am liebsten würde ich den alten Mann auch einmal besuchen.

3. Gehilfe: Oh, ja. Er weiß bestimmt viel zu erzählen.

Weihnachtsmann *(blickt durchs Fernrohr, deutet auf die Straße)*: Da! Seht nur!

Die Gehilfen drängeln sich wieder um das Fernrohr.

In der Einkaufsstraße

Eine Bäckersfrau eilt herbei. Sie ist beladen mit Körben voller Backwaren. Sie keucht und hetzt sich ab.

Reporter: Entschuldigen Sie. Darf ich Sie etwas fragen?

Bäckersfrau: Geschäftszeiten sind von 6–13 und von 15–19 Uhr.

Reporter: Sie mißverstehen mich. Ich möchte Sie fragen, was Sie von Weihnachten halten.

Bäckersfrau: Weihnachten? *(Sie stellt die Körbe ab.)* Ein gutes Geschäft mit Plätzchen, Pralinen, Lebkuchen. Wenn Sie zum Fest etwas kaufen möchten, empfiehlt es sich, zwei Wochen im voraus zu bestellen.

Reporter: Und wie ist es mit der Weihnachtsfreude?

Bäckersfrau: Ich glaube, mich tritt ein Pferd. Sie fragen nach Weihnachtsfreude? Mich? Seit vier Wochen stehe ich bis 2 Uhr nachts in der Backstube, dann 4 Stunden Schlaf, ab 6 Uhr früh der Laden ... Also, Sie, für Ihre Frage habe ich überhaupt keine Zeit. Kommen Sie nach dem Fest wieder! Dann kann ich über Ihr Problem nachdenken. Was wollten Sie noch mal wissen? Ach, was ... *(macht eine wegwerfende Handbewegung, hebt die Körbe auf, eilt weiter)* ... Bis nach Weihnachten! Auf Wiedersehen. Und nicht vergessen: Vorbestellungen spätestens zwei Wochen vor dem Fest!!!

Reporter: Auf Wie-Wie-Wiedersehen!

Im Wolkenhaus des Weihnachtsmannes

Weihnachtsmann: Es ist zum Lachen, wenn es nicht so traurig wäre.

Alle:

Gesungen: Seht euch die Frau des Bäckers an!
Unerhört! Unerhört!

Gesprochen: Sie schuftet tage- und nächtelang
für das Fest, und keinen stört,
daß sie müd' ist. Unerhört!

Gesungen: Oh, du schöne Weihnachtsfreude!
Wo bist du geblieben heute?

In der Einkaufsstraße

Während der Reporter der Bäckersfrau nachsieht, kommt ein kleiner Junge. Er weint und sieht verstört aus. Ängstlich drückt er sich an die Hauswand, sieht den Reporter mit großen Augen an, weint noch lauter. Niemand beachtet das Kind. Da ertönt eine Lautsprecherdurchsage.

Lautsprecherdurchsage: Wer hat den kleinen Kai gesehn? Kai trägt einen roten Anorak und blaue Jeanshosen. Hinweise bitte an der Hauptkasse im Kaufhaus Dottermann!

Die Menschen in der Einkaufsstraße drängeln weiter. Keiner hört zu. Keiner nimmt Notiz von dem Jungen. Als der Junge die Durchsage hört, schluchzt er noch lauter. Der Reporter geht zu ihm hin.

Reporter: Du bist Kai, nicht wahr?
Kai *(schluchzt laut auf, nickt)*: Wo ist meine Mutti?
Reporter: Das weiß ich nicht. Hast du sie verloren?
Kai: Kleider hat sie anprobiert, ganz viele, und ich muß stillsitzen, hat sie gesagt, sonst bekomme ich nichts vom Weihnachtsmann. Ich mag aber nicht stillsitzen. Immer nur Kleider. Das ist langweilig.
Reporter: Und da bist du ausgerissen?
Kai *(nickt)*: Nur ein bißchen. Und dann war die Mutti weg *(beginnt wieder zu heulen)*. Ich will zu meiner Mutti!
Reporter: Komm, ich bring' dich ins Kaufhaus. Da wartet deine Mutti bestimmt schon auf dich *(nimmt den Jungen an die Hand)*. Aber sag mal: Freust du dich auf Weihnachten?
Kai *(übermütig)*: Oh, ich freu' mich ganz doll. Wir fliegen auf eine Insel, wo es schön warm ist und wo ich schwimmen kann.
Reporter: Ja, und habt ihr dort auch einen Weihnachtsbaum?
Kai: Nöö! Aber wir fliegen mit einem großen Flugzeug, siehst du, sooo groß *(beschreibt mit den Armen einen großen Kreis)*. Da freu' ich mich drauf. Und auf die Geschenke freu' ich mich auch. Ich hab'

mir ein Schlauchboot gewünscht. Das kann ich dann gleich ausprobieren und ...

Reporter *(unterbricht ihn)*: Gut, gut. Aber jetzt wollen wir uns beeilen. Deine Mutti ängstigt sich bestimmt *(verschwindet mit dem Kind im Kaufhaus)*.

Im Wolkenhaus des Weihnachtsmannes

Der Weihnachtsmann und seine Gehilfen sehen sich bestürzt an.

Alle:

Gesungen:	Seht euch den kleinen Jungen an! Unerhört! Unerhört!
Gesprochen:	Alleine irrt er angst und bang durch die Straße. Keiner hört seine Rufe. Unerhört!
Gesungen:	Oh, du schöne Weihnachtsfreude! Wo bist du geblieben heute?

Weihnachtsmann *(leise)*: Ich mag mir das gar nicht mehr ansehen.

Erzähler:

Mutlos ist man im Wolkenhaus des Weihnachtsmannes geworden. Es scheint, als gäbe es für die Menschen keine Weihnachtsfreude mehr. Aber warum? Der Weihnachtsmann schüttelt immer wieder traurig den Kopf. Am liebsten möchte er nichts mehr sehen und nichts mehr hören.

Im Wolkenhaus des Weihnachtsmannes

Lied des Weihnachtsmannes:

Wo fängt Weihnacht an?

2. Düster der Blick,
die Augen leer,
verschließen sie sich.
Die Herzen sind schwer.

3. Ratlos und stumm
sehen sie zu.
Kein Mensch fragt: Warum,
weshalb und wozu?

4. Hektisch, voll Hast
eilen sie weit.
So schwer wiegt die Last,
vergessen die Zeit.

5. Mutlos und bang
frag' ich mich heut:
Wo fängt Weihnacht an,
wenn keiner sich freut?

Alle
(leise, wehmütig):
Lied und Kanon von der Freude
(siehe oben)

In der Einkaufsstraße

Engelbert tritt in Begleitung eines Ausländers aus dem Kaufhaus.
Reporter: Sprechen Sie Deutsch?
Ausländer: Ein bißchen. Es geht.
Reporter: Gefällt es Ihnen hier, besonders jetzt, zur Weihnachtszeit?
Ausländer: Weihnachtszeit? Kenne ich hier nicht. Was ist das?
Reporter: Nun, das frage ich mich allmählich auch.
Ausländer: Wie bitte?
Reporter: Gefällt es Ihnen hier in dieser Straße?
Ausländer: Bißchen zu laut, zu schnell. Ich verstehe nicht.
Reporter: Haben Sie Dank *(zeigt auf einen Bratwurststand)*. Darf ich Sie zu einer Bratwurst einladen?
Ausländer: Sehr gerne. Sie sind ein netter Mensch *(sie gehen zum Bratwurststand, der Ausländer reicht dem Reporter die Hand)*. Sagen Sie, gehört Bratwurst zu Weihnachten?
Der Reporter lacht unsicher, blickt zum Wolkenhaus des Weihnachtsmannes und beißt in seine Bratwurst.

Im Wolkenhaus des Weihnachtsmannes

Alle:
Gesungen: Seht euch den Asylanten an!
Unerhört! Unerhört!
Gesprochen: Es scheint, daß er nicht froh sein kann
in der Stadt, und keinen stört
sein Alleinsein. Unerhört!
Gesungen: Oh, du schöne Weihnachtsfreude!
Wo bist du geblieben heute?

In der Einkaufsstraße

Der Reporter steht am Bratwurststand und kaut. Neben ihm steht ein ärmlich gekleideter Mann, der begehrlich zuschaut.
Reporter: Darf ich Sie auch zu einer Wurst einladen?
Mann: Danke, das kann ich nicht annehmen. *(Er blickt begehrlich*

auf die Wurst, schluckt, will weitergehen. Der Reporter hält ihn am Ärmel fest, kauft eine Wurst und gibt sie dem Mann.)

Reporter: Da, nehmen Sie schon!

Mann *(beißt in die Wurst)*: Hm – köstlich. Seit Tagen habe ich nichts Warmes gegessen. Sie sind ein Engel!

Reporter *(schmunzelt)*: Na, wie man's nimmt. – Aber sagen Sie, warum geht es Ihnen so schlecht?

Mann: Das ist eine lange Geschichte. Arbeitslos! Seit drei Jahren bin ich ohne Arbeit. Kann keine Stellung finden, seit meine Firma Pleite gemacht hat. Zu alt, heißt es, wenn ich mich vorstelle. Da habe ich kein Glück mehr. Na ja, daß dann das Geld knapp wird, ist klar.

Reporter: Das ist schlimm. Ich kann mir vorstellen, daß Sie sich nicht auf Weihnachten freuen.

Mann: Freuen? Angst habe ich davor. Schreckliche Angst. Wenn ich an die traurigen Augen meiner Kinder denke, könnte ich heulen. Doch was hilft's?

Reporter *(murmelnd)*: Wenn ich Ihnen nur helfen könnte!

Mann: Danke. Sie haben mir schon geholfen. Sie haben zugehört, einfach nur zugehört. Danke *(er reicht dem Reporter die Hand)*. Ich wünsche Ihnen ein frohes Fest – und leben Sie wohl!

Verstohlen wischt sich der Reporter eine Träne aus den Augen.

Im Wolkenhaus des Weihnachtsmannes

Der Weihnachtsmann und seine Gehilfen wischen sich ebenfalls Tränen aus den Augen.

3. Gehilfe: Und da kann man nicht helfen?

2. Gehilfe: Nur ein kleines bißchen Weihnachtsfreude für den armen Mann ...

1. Gehilfe: ... und seine armen Kinder?

Der Weihnachtsmann sagt gar nichts mehr. Er schüttelt nur noch den Kopf und murmelt unverständliche Worte in seinen Bart.

Alle:

Gesungen: Seht euch den Arbeitslosen an,
unerhört, unerhört,

Gesprochen: der nichts zur Weihnacht kaufen kann;
denn er ist, was jeden stört,
ohne Arbeit. Unerhört!
Gesungen: Oh, du schöne Weihnachtsfreude!
Wo bist du geblieben heute?

Erzähler:
Und weiter geht die Suche nach der Weihnachtsfreude. Reporter Engelbert ist den ganzen Tag auf den Beinen. Er spricht jeden an, der ihm über den Weg läuft. Und immer hofft er, irgendwo, irgendwie so etwas wie Freude, wie Glück und Zufriedenheit zu hören. Doch er hat kein Glück. Immer wieder muß Engelbert bedauernd zum Wolkenhaus des Weihnachtsmannes hinaufsehen. Wie gerne hätte er einmal eine frohe Botschaft hinaufgewunken! Wie gerne hätte er: »Juchu, ich hab' sie gefunden, die Weihnachtsfreude!« gerufen, wie gerne ...! Aber, es gab immer ein Aber ... Es beginnt zu dämmern, und Engelbert weiß nicht, wo er noch suchen sollte. Mutlos folgt er dem hellen Lichtschein, der beim Kaufhaus Dottermann auf die Straße fällt.

Im Wolkenhaus des Weihnachtsmannes

Der Weihnachtsmann ist aufgestanden, die Fäuste geballt.
Weihnachtsmann *(brüllt)*: Es ist nicht zum Aushalten!
1. Gehilfe: Wenn man nur etwas tun könnte!
2. Gehilfe *(sieht durchs Fernrohr, fängt an zu kichern)*: Hihihi. Sieh mal, Weihnachtsmann, da unten spricht Engelbert gerade mit dir.
Weihnachtsmann *(zornig)*: Mit mir? Wieso? Warum? *(Er eilt zum Fernrohr, stößt den Gehilfen weg und blickt hindurch.)*

In der Einkaufsstraße

Der Reporter steht beim Weihnachtsmann, der vor der Tür des Kaufhauses Dottermann die Leute zum Einkaufen einlädt.
Reporter: Frohe Weihnacht, Herr Weihnachtsmann.
Kaufhausweihnachtsmann: Mensch, verarschen kann ich mich selbst.

Reporter: War nur ein kleiner Spaß.
Kaufhausweihnachtsmann *(ironisch)*: Haha!
Reporter: Würden Sie mir dennoch eine kleine Frage beantworten?
Kaufhausweihnachtsmann *(übertrieben freundlich, reicht dem Reporter ein Blatt Papier)*: Würden Sie dann auch das Reklameblättchen durchlesen und in diesem verdammten Kaufhaus etwas kaufen?
Reporter: Manus manum lavat, eine Hand wäscht die andere.
Kaufhausweihnachtsmann: Eben.
Reporter: Also, meine Frage: Was bedeutet Ihnen Weihnachten?
Kaufhausweihnachtsmann: Ein guter Job, sonst nichts. Auf dieses Weihnachten hier *(er macht eine weit ausholende Handbewegung, deutet auf den Rummel in der Strape)* kann ich verzichten. Das ist doch nur ein mieses Theater!
Reporter: Das Sie aber auch mitspielen.
Kaufhausweihnachtsmann: Wer tanzt schon gerne aus der Reihe? *(Er klopft sich leise auf die Brust.)* Und wie es hier drinnen aussieht, geht keinen etwas an. Nicht wahr? *(Er wendet sich an eine Passantin.)* Bitte schön, gnädige Frau, kaufen Sie Dottermanns Christbaumschmuck – und Sie haben etwas fürs Leben ...
Reporter *(bitter)*: Ja, etwas fürs Leben. Vielen Dank, Weihnachtsmann, für dieses Gespräch.
Kaufhausweihnachtsmann: Ja, ja. Was tut man nicht alles für seine Mitmenschen ...!

Im Wolkenhaus des Weihnachtsmannes

Weihnachtsmann *(brüllt los)*: Jetzt platzt mir aber der Kragen!
Alle:

Gesungen:	Den Weihnachtsmann, seht ihn nur an! Unerhört! Unerhört!
Gesprochen:	Er lockt die Leut' ins Kaufhaus an, und er verspricht, was keiner hört, frohe Weihnacht. Unerhört!
Gesungen:	Oh, du schöne Weihnachtsfreude! Wo bist du geblieben heute?

Die Gehilfen grinsen. Sie machen den Eindruck, als wüßten sie nicht, ob sie lachen oder weinen sollen. Der Weihnachtsmann aber tobt.

Weihnachtsmann: Unerhört! Unerhört!
Was man so sieht, was man so hört.
Da ist nichts, was mich nicht stört:
dieser Rummel, das Getöse,
Lärm und falsche Frömmigkeit,
das Gerenne, das Gefeilsche,
Reklame noch in meinem Kleid.
Unerhört! Unerhört!
Was man so sieht, was man so hört.
Nein, da ist nichts, was mich nicht stört.
Unerhört! Unerhört!
Gehilfen:
Gesprochen: Oh, du schöne Weihnachtsfreude!
Wo bist du geblieben heute?
Kummer, Trauer, Bitterkeit,
Hektik, Streß und keine Zeit,
Ängste, Sorgen, Einsamkeit,
und nicht nur zur Weihnachtszeit.
Frieden, Glück und etwas Freude
suchen wir vergebens heute.
Gesungen
(wie oben): Oh, du schöne Weihnachtsfreude!
Wo bist du geblieben heute!

Weihnachtsmann: Aus und vorbei! Ruft Engelbert zurück. Es hat keinen Zweck. *(Leiser)* Es gibt sie nicht mehr, die Weihnachtsfreude. Oh, was bin ich wütend – und traurig ...!

Erzähler:
Wo ist die Weihnachtsfreude geblieben? Haben die Menschen wirklich vergessen, weshalb sie Weihnachten feiern? Und nun ist auch der Weihnachtsmann wütend – und traurig zugleich. Na, das kann ja heiter werden! Und weil der Weihnachtsmann immer trauriger wird, machen sich seine Gehilfen Sorgen. Was ist schon ein trauriger

Weihnachtsmann, ein Weihnachtsmann ohne Hoffnung? Das ist ja wie der Himmel ohne Sterne, wie Sonne ohne Licht, wie ein Fluß ohne Wasser, ja, wie Weihnachten ohne Freude ...

Im Wolkenhaus des Weihnachtsmannes

Aufgeregt umkreisen die Gehilfen den Weihnachtsmann. Der sitzt da, das Gesicht in den Armen vergraben, und sagt überhaupt nichts mehr.

1. Gehilfe: Du darfst nicht traurig sein, Weihnachtsmann!
2. Gehilfe: Du darfst die Hoffnung nicht verlieren.
3. Gehilfe: Irgendwer auf Erden freut sich bestimmt an Weihnachten.
Alle Gehilfen: Ja, ganz bestimmt.
1. Gehilfe: Die Freude kommt vielleicht beim Schein der Kerzen ...
2. Gehilfe: ... beim Auspacken eines lieb verpackten Geschenks ...
3. Gehilfe: ... beim Lachen eines Kindes ...
1. Gehilfe: ... bei schöner Weihnachtsmusik ...
2. Gehilfe: ... beim Schmücken des Tannenbaums ...
3. Gehilfe: ... beim, ach, es gibt so vieles, was Freude macht.
1. Gehilfe: Du darfst nicht traurig sein, Weihnachtsmann!
2. Gehilfe: Und nicht wütend!
3. Gehilfe: Du darfst die Hoffnung nicht aufgeben.

Lied
(alle):
Dann ist Weihnachtszeit ...

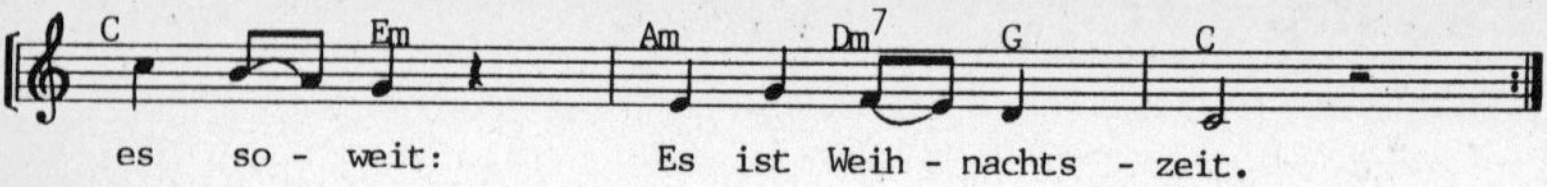

2. Wenn ein Stern am Himmel steht,
wenn die Angst nicht mit uns geht,
wenn wir wieder Hoffnung haben
und die Sorgen leichter tragen,
dann ist es soweit:
Es ist Weihnachtszeit.

3. Wenn ein Kind vor Glück hell lacht,
wenn uns nichts mehr Ärger macht,
wenn wir wieder Freude zeigen
und, wenn's sein muß, auch mal schweigen,
dann ist es soweit:
Es ist Weihnachtszeit.

4. Wenn es still wird auf der Welt,
wenn der Streß uns nicht mehr quält,
wenn wir wieder Ruhe finden
und so was wie Glück empfinden,
dann ist es soweit:
Es ist Weihnachtszeit.

5. Wenn du mir Vertrauen schenkst,
wenn du nicht ans Streiten denkst,
wenn wir wieder Frieden sehen
und die Türen offenstehen,
dann ist es soweit:
Es ist Weihnachtszeit.

Weihnachtsmann *(steht auf, legt die Arme um die Schultern seiner Gehilfen)*: Ihr habt recht. Verzeiht, daß ich so traurig war. Aber sagt, wo steckt Engelbert? Ist er noch immer da unten in dieser lauten Straße?

Einer der Gehilfen eilt zum Fernrohr.

Gehilfe: Oh, seht nur. Da ist Engelbert! Aber, was ist mit ihm?

In der Einkaufsstraße

Mit gesenktem Kopf trottet Reporter Engelbert die Straße entlang. Er scheint nichts wahrzunehmen.
Reporter *(vor sich hinmurmelnd)*: Die Weihnachtsfreude. Wo ist sie geblieben? Wenn ich sie nur finden könnte. Ach, wenn ...
Die Lichter am Tannenbaum zwischen Bratwurststand und Kaufhaus gehen an, vor dem Baum versammeln sich Kinder mit Flöten und singen Lieder. Passanten bleiben stehen, immer mehr, und man merkt, daß sie sich freuen. Engelbert nimmt davon keine Notiz, wie blind steuert er auf die kleine Gruppe zu.

Erzähler:
Der arme Engelbert! Wie blind tappt er durch die Straße und sieht nicht nach links und nicht nach rechts. Er stolpert hier, rempelt da einen Passanten an und scheint von alledem nichts zu merken. Engelbert grübelt. Und wie er grübelt! Wie gerne hätte er die Weihnachtsfreude gefunden! Doch nun würde er mit leeren Händen zum Weihnachtsmann zurückkehren. Der arme Weihnachtsmann! Traurig würde er sein und enttäuscht. Von ihm, Engelbert, von den Menschen, von Weihnachten. Oh, Engelbert ist den Tränen nahe! Er sieht nicht den Kerzenschimmer am Tannenbaum, er hört nicht das Lied, das aus hellen Kinderkehlen erklingt, und die Leute, die sich vor dem Tannenbaum versammelt haben, bemerkt er auch nicht. Blicklos läuft er auf die kleine Gruppe zu, und – peng-hast-du's-nicht-gesehen? – stolpert er über eine Tasche auf dem Boden und fällt hin.

In der Einkaufsstraße

Taschenbesitzer *(laut)*: Mensch, paß doch auf, wo du hinläufst.
Reporter *(rappelt sich hoch, stottert)*: Oh, Ent-ent-entschuldigung. Ich habe sie gar nicht gesehen, ich ...
2. Passant *(dreht sich um, zischt)*: Pst! So seien Sie doch still!
Ein paar andere Passanten, die am Baum stehen, drehen sich um und halten den Finger vor den Mund, einige lächeln.
Passanten: Pst!

Erzähler:
Da hört er es auch. Oh, was für ein schönes Lied – von Weihnachten, vom Frieden, der Freude und der Hoffnung. Und die Gesichter der Kinder, wie sie strahlen! Die Leute lächeln, einige singen mit, ja, und sie freuen sich. Und wie sie sich freuen! »Juchuu!« ruft Engelbert, und dann singt er aus vollem Halse mit. »Juchuu!« rufen der Weihnachtsmann und seine Gehilfen oben im Wolkenhaus, und dann singen auch sie mit; denn wo gesungen wird, ist die Freude nicht weit ...

Schlußlied
(alle):

Weihnacht auf Erden

2. Hoffnung auf Erden
soll es allen werden.
Hoffnung den Menschen
auf der ganzen Welt.

3. Freude auf Erden
soll es allen werden.
Freude den Menschen
auf der ganzen Welt.

4. Weihnacht auf Erden
soll es allen werden.
Weihnacht den Menschen
auf der ganzen Welt.

Texte und Szenen: Elke Bräunling
Musik: Paul G. Walter

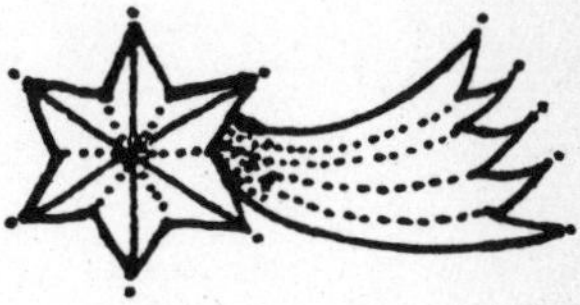

Weihnachtszeit – stille Zeit

Weihnachtszeit – Trubel, Hektik, Lärm. So begegnet sie uns heute, vor allem in den Städten. Weihnachtszeit ist aber auch die Zeit des Wartens, der Stille, der Besinnung. Viele haben das vergessen. Wir auch?
Adventszeit: Die Kerzen am Kranz brennen. Kinder sitzen davor und feiern Advent.

Wenn das Licht brennt

2. Lautlos und still
flackern die Lichter.
Es ist Advent.
Heiter und still
unsre Gesichter,
wenn das Licht brennt.

3. Ruhig und sanft
freun wir uns wieder.
Es ist Advent.
Fröhlich und sanft
summen wir Lieder,
wenn das Licht brennt.

1. Kind: Es ist schön, Advent zu feiern ...
2. Kind: ... und ganz still ins Kerzenlicht zu schauen.
3. Kind: Da kann man so schön träumen ...
4. Kind: ... und nachdenken.
5. Kind: Dafür ist der Advent auch da ...
6. Kind: ... zum Ausruhen und Nachdenken ...
7. Kind: ... und zum Warten auf Weihnachten.
8. Kind: Alles ist ganz still.
1. Kind: Es ist die Zeit der Stille.
2. Kind: Die Tiere halten Winterschlaf.
3. Kind: Die Blumen und Bäume auch.
4. Kind: Sogar der Wind ist ganz leise.
5. Kind: Alles ruht sich aus.
6. Kind: Das ist richtig schön.
7. Kind: Ich war gestern mit meiner Mutter in der Stadt. Da war es überhaupt nicht still.
8. Kind: Bei uns zu Hause ist es oft auch laut, und keiner hat Zeit.

Still, still, still

3. Zart, zart, zart.
Das Kerzenlicht schimmert zart.
Stille Zeit – wir warten alle
auf das kleine Kind im Stalle.
Zart, zart, zart.
Lichter strahlen hell und zart.

4. Schrill, schrill, schrill.
Es glitzert ganz bunt und schrill.
Trubelzeit – die Menschen denken
nur daran, was sie sich schenken.
Schrill, schrill, schrill.
Alles ringsherum klingt schrill.

1. Kind: Ich möchte, daß meine Eltern auch einmal Zeit haben, ganz still das Kerzenlicht anzuschauen.
2. Kind: Bei mir zu Hause auch ...
Mehrere: Bei mir auch, bei mir auch ...
3. Kind: Wir müssen ihnen davon erzählen ...
4. Kind: ... und ihnen zeigen ...
5. Kind: ... wie schön gemütlich es ist, um den Adventskranz zu sitzen.
6. Kind: Ja, das werden wir tun.
7. Kind: Und sagt es allen Leuten weiter:
8. Kind: Feiert mit uns die Stille.
Schlußlied = Eingangslied

Texte: Elke Bräunling
Melodien: Paul G. Walter

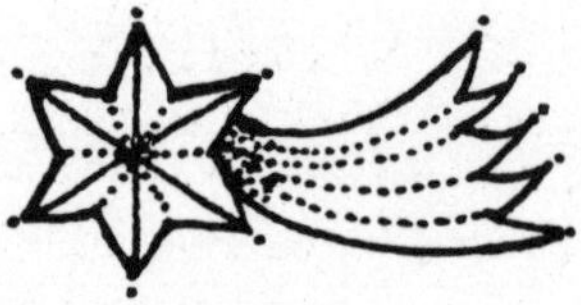

Herbergssuche

1. Erzähler:
Maria und Josef sind unterwegs nach Bethlehem. Sie sind müde, hungrig und verschmutzt von der weiten Reise, die hinter ihnen liegt. Maria kann vor Anstrengung kaum noch gehen. Erschöpft lehnt sie sich an Josefs Schulter.

2. Erzähler:
Maria und Josef sind noch immer unterwegs. Müde, hungrig und verschmutzt suchen sie ihren Weg nach Bethlehem. Jedes Jahr aufs neue. Stellt euch vor, vielleicht kommen sie auch durch unsere

Stadt? Auf ihrer Reise nach Bethlehem, auf ihrer Suche nach einem Ruheplatz für die Nacht ...

Alle: Und irgendwann
kommen sie dann
auch bei uns an
und klopfen sodann
bei den Wirtsleuten an.

Maria und Josef: Hungrig und müde
stehen wir hier
nach langer Reise
vor eurer Tür.
Hungrig und müde
fragen wir an,
ob man ein Zimmer
hier haben kann?

1. Wirt: Sind Sie angemeldet?
2. Wirt: Wir sind ausgebucht.
3. Wirt: Können Sie sich das überhaupt leisten?
4. Wirt: Wo denken Sie hin? Die ganze Stadt ist überfüllt!
5. Wirt: Siieee? Unmöglich! Nein!
6. Wirt: Kommen Sie morgen noch mal vorbei!

Alle: Was soll man da sagen?
Es ist nicht zu fassen.
Man kann doch die beiden
nicht draußen stehnlassen!
Was soll man da sagen?
Ist es noch immer
genauso wie damals?
Oder noch schlimmer?

1. Erzähler:
Es ist viel los in Bethlehem. In den Straßen herrscht Lärm und Gedränge, die Wirtshäuser sind überfüllt, alle Betten sind belegt.

Müde, hungrig und verschmutzt ziehen Maria und Josef von Haus zu Haus.

2. Erzähler:
Vielleicht irren Maria und Josef jetzt gerade durch unsere Stadt? Aber auch bei uns ist viel los, gerade vor Weihnachten. Laut ist es in den Straßen und voll, denn die Leute bereiten sich auf das Weihnachtsfest vor.

Alle: Und irgendwann
kommen sie dann
auch bei uns an
und klopfen sodann
bei den Familien an.

Maria und Josef: Hungrig und müde
stehen wir hier
nach weiter Reise
vor dieser Tür.
Hungrig und müde
fragen wir an,
ob man für die Nacht
ein Bett haben kann?

1. Familie: Wir kaufen nichts.
2. Familie: Wie kämen wir dazu?
3. Familie: Schon wieder Penner!
4. Familie: In unsrem Haus? So schmutzig, wie Sie aussehen? Vielleicht haben Sie Läuse ...
5. Familie: Gehn sie doch arbeiten! Dann können Sie sich ein Hotel leisten.
6. Familie: Uns schenkt auch keiner was! Und am Ende kommt das Kind auch noch in dieser Nacht zur Welt! Nein, nein ...

Alle: Was soll man da sagen?
Es ist nicht zu fassen.
Mann kann doch die beiden

nicht draußen stehnlassen!
Was soll man da sagen?
Ist es noch immer
genauso wie damals?
Oder noch schlimmer?

1. Erzähler:
Ganz mutlos sind sie geworden. Gibt es in Bethlehem keinen Platz zum Schlafen? Und das Kind? Soll es auf der Straße zur Welt kommen?

2. Erzähler:
Mutlos sind Maria und Josef auch heute, vielleicht gerade jetzt in diesem Augenblick, in den Straßen unsrer Stadt. Oder ob sich nicht doch ein Plätzchen zum Ausruhen findet? Hier? Irgendwo?

Alle: Und irgendwann
kommen sie dann
auch bei uns an
und klopfen sodann
überall einfach an.

Maria und Josef: Hungrig und müde
stehen wir hier
nach unsrer Reise
vor jeder Tür.
Hungrig und müde
fragen wir an,
ob man zur Nacht
einen Platz finden kann?

Geschäft: Betteln und Hausieren verboten!
Bahnhof: Aufenthalt über Nacht untersagt!
Polizist: In unsrer Stadt gibt's schon zu viele Fremde.
Nachbar: Immer diese Belästigungen!
Rathaus: Wir haben unser Asylantensoll erfüllt.
Klinik: Haben Sie einen Krankenschein?

Punks: Ausländer raus! Go home!
Stadtpark: Besuchszeiten von 9.00 bis 19.00 Uhr.
Baustelle: Betreten verboten!
Kirche: Wegen Veranstaltung heute geschlossen.
Golfclub: Kein Einlaß ohne Klubausweis.
Abendschule: Stören Sie nicht! Hier findet gerade eine kleine Weihnachtsfeier statt ...

Alle: Was soll man da sagen?
Es ist nicht zu fassen.
Man kann doch die beiden
nicht draußen stehnlassen!
Was soll man da sagen?
Ist es noch immer
genauso wie damals?
Nein, noch viel schlimmer ...!

1. Erzähler:
Endlich finden Maria und Josef einen Platz zum Schlafen. Draußen, vor der Stadt, in einem Stall. Und in der Nacht kommt das Kind zur Welt. Im Stall von Bethlehem.

2. Erzähler:
Es gibt heute noch Ställe, draußen, vor den Städten und Dörfern. Bestimmt finden Maria und Josef einen Schlafplatz. Irgendwo einen Stall. Ein Bett aus Heu und Stroh. Draußen, bei den Tieren. Schließlich müssen die beiden ausgeruht sein für die Reise! Ja, und vielleicht haben sie in einer anderen Stadt mehr Glück. Irgendwann, irgendwo, irgendwie ...
Denn der Weg nach Bethlehem ist weit ...
Alle Jahre wieder ...
Sie haben ja noch Zeit ...

Maria und Josef: Hungrig und müde
suchten wir hier
ein Bett zum Schlafen
an jeder Tür.

Hungrig und müde
finden wir nun
in diesem Stall da
ein Plätzchen zum Ruhn.

Lied: Der Weg nach Bethlehem ist weit

2. Laßt uns den Weg gemeinsam gehen,
laßt uns fest zueinanderstehen.
Wir laden alle ein.
Es soll ein Weg des Friedens sein.
Es soll ein Weg des Friedens sein.

3. Laßt uns den Weg gemeinsam gehen,
laßt uns das Licht der Weihnacht sehen.
Wir laden alle ein.
Es soll ein Weg der Freude sein.
Es soll ein Weg der Freude sein.

Texte: Elke Bräunling
Melodien: Paul G. Walter
© Musikbär Verlag, Schriesheim

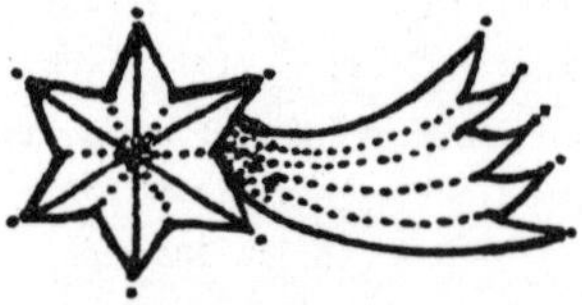

Wo liegt Bethlehem ...?

Gesungen (alle):

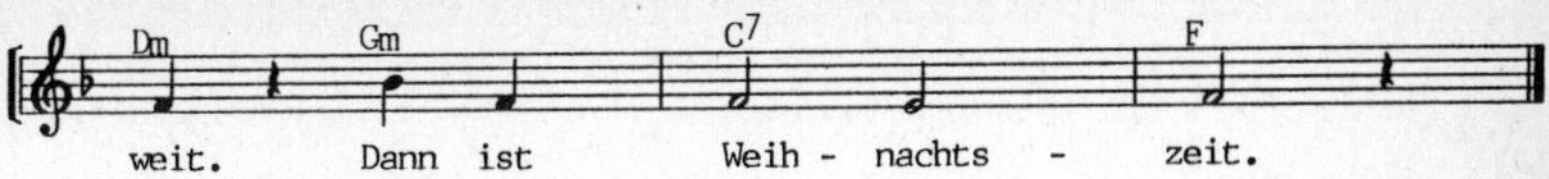

Gesprochen **(alle):**
Bald wird Weihnachten sein.
Überall auf der Welt
werden Menschen sich freun.
Doch wie ist es um die Freude bestellt?

1. **Sprecher:** Keiner hat Zeit.
2. **Sprecher:** Sie hetzen herum.
3. **Sprecher:** Die Gesichter sind traurig und leer.
4. **Sprecher:** Bald ist es soweit.
5. **Sprecher:** Sie fragen warum?
6. **Sprecher:** Sie kennen die Freude nicht mehr.

Alle: Was ist geschehen?
Wer kann es verstehen?
Bethlehem, das liegt so weit –
vergessen, verraten in unserer Zeit!

Gesungen (wie oben):
2. Sag mir, wo liegt Bethlehem?
Vielleicht bei uns zu Haus?
Wenn wir gemeinsam Lieder singen
und einander Freude bringen,
dann ist Bethlehem nicht weit.
Dann ist Weihnachtszeit.

Gesprochen **(alle):**
Wem wird es weihnachtlich sein?
Jedermann – bestimmt?
Kehrt die Hoffnung überall ein?
Menschen soll's geben, die unglücklich sind!

1. **Sprecher:** Alt und allein ...
2. **Sprecher:** ... die Frau nebenan.

3. Sprecher: Sie kann sich auf Weihnacht nicht freun.
4. Sprecher: Und wo wirst du sein?
5. Sprecher: Du, fremder Mann, ...
6. Sprecher: ... wirst mutlos das Kerzenlicht scheun.
Alle: Was ist geschehen?
Wer kann es verstehen?
Bethlehem, das liegt so weit,
verraten, vergessen in unserer Zeit.

Gesungen (wie oben):
3. Sag mir, wo liegt Bethlehem?
Vielleicht in unsrer Stadt?
Wenn Reiche auch an Arme denken
und einander Hoffnung schenken,
dann ist Bethlehem nicht weit.
Dann ist Weihnachtszeit.

Gesprochen ***(alle):***
Wann fängt Weihnachten an?
Irgendwie, irgendwann
denken Menschen leise daran:
Weihnachten fängt erst mit Frieden an!

1. Sprecher: Kriege und Streit ...
2. Sprecher: ... und Not auf der Welt.
3. Sprecher: Manch einer kommt niemals zur Ruh.
4. Sprecher: Uns tut das leid
5. Sprecher: ... von fern. Ob das zählt?
6. Sprecher: Und sehn wir doch tatenlos zu!
Alle: Was ist geschehen?
Wer kann es verstehen?
Bethlehem, das liegt so weit,
vergessen, verraten in unserer Zeit.

Gesungen (wie oben):
4. Sag mir, wo liegt Bethlehem?
Vielleicht in unsrem Land?

Wenn Menschen still in Frieden leben
und dem Feind die Hände geben,
dann ist Bethlehem nicht weit.
Dann ist Weihnachtszeit.

Text: Elke Bräunling
Melodie: Paul G. Walter

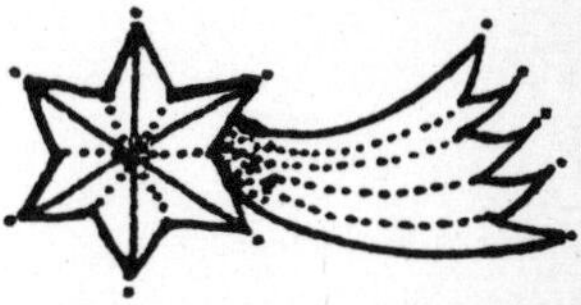

Macht auf und laßt uns rein!

2. Macht auf!
(Klopf! Klopf!)
Macht auf!
(Klopf! Klopf!)
Macht auf und laßt uns rein!
Wir schliefen bei der Herde ein.
Da war um uns ein heller Schein.
Ein Engel sah uns ins Gesicht
und sagte: »Fürchtet euch doch nicht!
Denn Gott wird bei euch sein!«
Macht auf!
(Klopf! Klopf!)
Macht auf!
(Klopf! Klopf!)
Macht auf und laßt uns rein!

3. Macht auf!
(Kopf! Klopf!)
Macht auf!
(Klopf! Klopf!)
Macht auf und laßt uns rein!
Es kündete die Engelschar,
daß Gottes Sohn geboren war.
In einem Stall zu dunkler Nacht
ward Gottes Sohn zur Welt gebracht.
Der Stall hier soll es sein!

Macht auf!
(Klopf! Klopf!)
Macht auf!
(Klopf! Klopf!)
Macht auf und laßt uns rein!

Josef: Beide:
C G C D
rein! Kommt rein! Ihr dürft gern bei ihm
Hirten: Maria + Josef:
G C D7 Em
sein. Auf Heu und Stroh, auf
Hirten:
D G Am G/H C
Heu und Stroh, da liegt das Got - tes -
Alle:
D G
kind. Wir lo - ben,
D G
prei - sen Gott, den Herrn. Er
G D G
liebt uns und hat uns so
C D
gern, daß die - ses Kind hier,
H Em C D7/A
Je - sus Christ, für uns heut
G D G
nacht ge - bo - ren ist.
G Am D G Em
Seht nur, wie froh wir sind! Auf Heu und

Text: Rolf Krenzer
Melodie: Paul G. Walter
© Strube Verlag, München

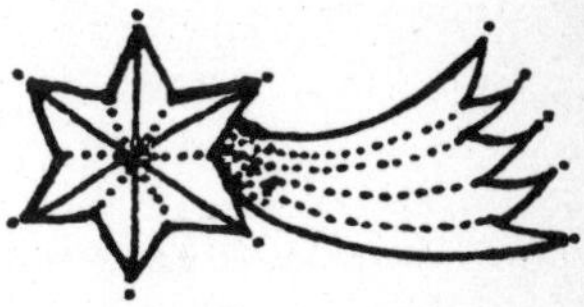

Lied des kleinen Hirten mit der Mundharmonika

2. Kann es noch nicht fassen,
was heut nacht geschehn,
lief mit allen los,
um nach dem Kind zu sehn.
Jeder hat heut nacht
ihm was mitgebracht.
Ich hatt' nichts als meine Mundharmonika.

3. Dunkel war's im Stall,
und draußen blies der Wind.
In der Krippe lag im Stroh
das Gotteskind.
Und wir knieten all
nieder in dem Stall.
Ich mit meiner kleinen Mundharmonika.

4. Was wir geben konnten,
schenkte jeder heut.
Und sie freuten sich,
denn es warn arme Leut.
Und ich spielt' ein Lied
– alle summten mit –
für das Kind auf meiner Mundharmonika.

5. Ich hab' eine kleine Mundharmonika
und war Gottes Sohn
im Stall heut nacht so nah.
Seit ich selbst gesehn,
was heut nacht geschehn,
klingt so froh die kleine Mundharmonika.

Text und Melodie: Rolf Krenzer

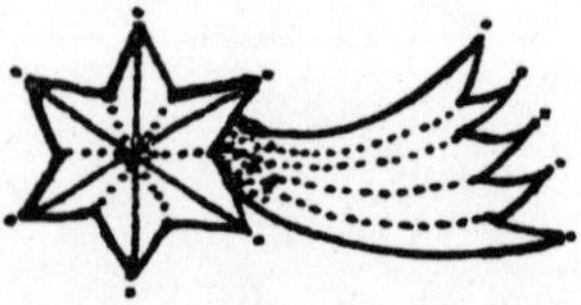

Nehmt das Licht und gebt es weiter – Weihnachtskanon

Wir stehen nahe beieinander im Kreis
und geben uns die Hände.
Wir halten uns an den Händen, breiten sie aber weit aus,
so daß es ein größerer Kreis wird.
Wir halten unsre Hände angefaßt hoch.
Wir lassen uns los, gehen auf andere zu und bilden wieder einen engen Kreis, in dem wir nun mit anderen Menschen rechts und links stehen, denen wir wieder die Hände geben.

Der Kanon kann auch als Strophenlied gesungen werden.
Dann wird das, was mit dem Licht ausgedrückt wird, durch weitere Inhalte ergänzt:

2. Nehmt die Liebe, gebt sie weiter ...
3. Nehmt die Hoffnung, gebt sie weiter ...
4. Nehmt die Freude, gebt sie weiter ...
5. Habt Vertrauen, gebt es weiter ...

Text: Rolf Krenzer; Melodie: Paul G. Walter

Wieder Weihnachten

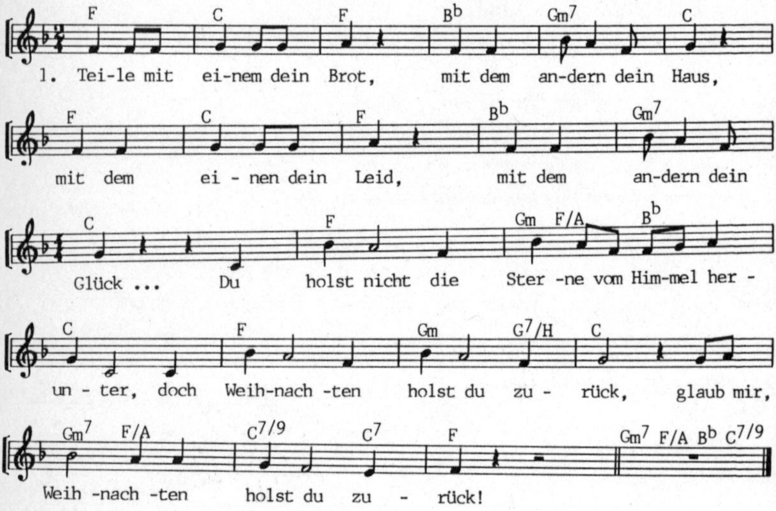

2. Teile mit einem den Wein,
mit dem andern dein Geld,
mit dem einen dein Lachen
und auch deine Zeit ...
Du holst nicht die Sterne vom Himmel herunter,
doch Weihnachten ist nicht mehr,
glaub mir, Weihnachten ist nicht mehr weit.

3. Schenke dem einen dein Ohr
und dem andern die Hand,
gib dem einen was ab,
nimm vom andern was an ...
Du holst nicht die Sterne vom Himmel herunter,
doch Weihnachten fängt damit an,
glaub mir, Weihnachten fängt damit an.

4. Öffne dem Fremden die Tür,
zeig dem Blinden den Weg,
reich dem Alten den Stab,
leg den Arm um das Kind ...
Du holst nicht die Sterne vom Himmel herunter,
doch Weihnachten ähnlich beginnt,
glaub mir, Weihnachten ähnlich beginnt.

5. Tröste den einen, der's braucht,
mit dem andern wein mit,
mach ein Feuer, wenn's friert,
gib dich so, wie du bist ...
Du holst nicht die Sterne vom Himmel herunter,
doch merkst du, was Weihnachten ist,
ja, dann merkst du, was Weihnachten ist.

Text: Rolf Krenzer
Melodie: Paul G. Walter

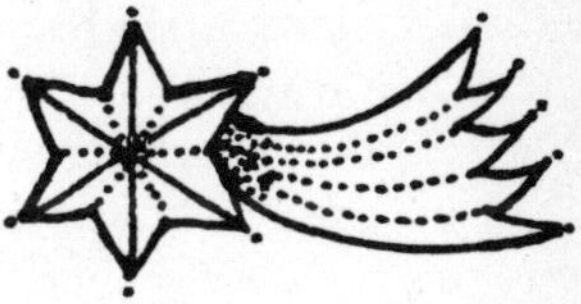

Wir haben seinen Stern gesehen

Herodes: Ich bin Herodes, König von Juda. In Juda bin ich der mächtigste Mann. Was ich sage, müssen die Leute tun.
Das Regieren ist anstrengend. Die Regierungsgeschäfte verfolgen mich schon bis in den Traum. Und nun hat mein Chef, der Kaiser Augustus in Rom, mir noch die Sache mit der Volkszählung eingebrockt. Er braucht mehr Geld für seine Soldaten, denn der römische Frieden ist teuer.
Der Kaiser Augustus hat befohlen, daß die Leute sich in ihrem Geburtsort registrieren lassen sollen. Das wird die reinste Völkerwanderung.
Schon viele haben bei mir um Ausnahmegenehmigung gebeten. Sie

haben Tausende von Gründen: Der eine ist krank, die andere muß Kranke pflegen; andere haben kein Geld zum Reisen, oder: Die Kinder sind zu klein zum Reisen; andere wiederum sind zu alt, und andere sind schwanger.
Wo komme ich denn hin, wenn ich all diesen Leuten eine Ausnahme erteile. Und weiß ich überhaupt, ob sie die Wahrheit sagen?!
Herodes geht weg.

Maria tritt auf.
Maria: Ich bin Maria, ich bin 16 Jahre und schwanger, natürlich nicht verheiratet. Wer heiratet mit 16 ohne Grund.
Sie können sich vorstellen, was da los war bei uns in Nazareth. Hast du schon gehört? Maria, die Tochter von Anna und ihrem Mann, ist schwanger.
Was, die doch nicht?! Und wer ist der Vater?
Und so redeten sie, und so redeten sie. Und wer weiß, was sie dazu noch erfunden haben. Was alles so im einzelnen getratscht wird, erfahren die Betroffenen sowieso zuletzt oder überhaupt nicht. Sie reden und reden, als ob es sonst nichts zu reden gäbe. Bei uns in Nazareth ist ja auch sonst nichts los. Da ist jede Kleinigkeit ein Staatsereignis. – Ich kam mir vor wie eine Aussätzige. Und was glauben Sie, haben erst meine Eltern gesagt!
Was hast du dir dabei gedacht! schrie mein Vater mich an; ich bin ein ehrlicher Arbeiter, und du treibst dich herum!
Meine Mutter reagierte nicht minder. Sie machte es auf die weinerliche Tour: Wie kannst du uns so in Schande bringen. Denkst du denn gar nicht an mich?
Ich denke an Mutter und Vater, an die Leute in Nazareth. Soll ich Ihnen noch erzählen, wie Josef, mein Freund und Verursacher des ganzen Unglücks, reagiert hat? – Sie erahnen es wohl schon. Als ich Josef die Sache mit der Schwangerschaft erzählte, sagte er: Hättest du nicht besser aufpassen können?!
So sieht die Lage aus: 16 Jahre, schwanger; Nachbarn, Eltern, Freund, alle lassen sie mich im Stich.
Bringen Sie mal ein Kind unter diesen Umständen zur Welt: minderjährig, ohne Arbeit, ohne Freundinnen und Freunde.
Maria geht weg.

Lied: Die Nacht ist vorgedrungen, der Tag ist nicht mehr fern ... (1 Vers).

Maria und Josef.

Maria: Josef hat es sich dann doch anders überlegt. Nach anfänglichen Vorwürfen, daß ich schuld sei an der Schwangerschaft, hat er sich nun doch noch zu mir bekannt. Er hat mich auf meiner Reise nach Bethlehem begleitet: Denn nach Bethlehem mußten wir hin, wegen der Steuererfassung. Und nachdem ich die allernötigsten Sachen gepackt hatte, zogen wir los.

Kurzes Orgelspiel, währenddessen gehen Maria und Josef hin und her.

Josef: Nun sind wir schon so lange unterwegs; bald haben wir es geschafft. Ich sehe schon die Lichter von Bethlehem.

Du, Maria, ich habe während der Reise viel Zeit zum Nachdenken gehabt. Ich muß mich bei dir entschuldigen. Es tut mir leid, daß ich zuerst so gemein zu dir war.

Maria: Ist schon gut.

Josef: Du, Maria, ich freue mich sogar inzwischen, daß du ein Kind bekommst. Freust du dich auch?

Maria: Ein bißchen.

Josef: Komm, laß uns weitergehen.

Maria: Wir mußten ja weiter, was blieb uns anders übrig. Die Reise war beschwerlich, obwohl ich den Esel hatte, der mich trug. Aber ich schaffte es. Und wir fanden sogar eine Herberge in dem übervölkerten Bethlehem. Und ich gebar mein erstes Kind und wickelte es in Windeln und legte es in eine Krippe, denn es war sonst kein Raum in der Herberge.

Lied: Es ist ein Ros entsprungen ... (3 Verse).

Herodes, 3 Weise (Balthasar, Melchior, Caspar), Schriftgelehrte.

Herodes: Die Steuererfassung bringt mich noch um. Alle wollen sie eine Ausnahmegenehmigung.

Klopf, klopf, klopf: 3 Weise erscheinen.

Herodes: Nein, nicht schon wieder!

Balthasar: Wir sind Naturwissenschaftler. Wir beobachten die

Sterne am Himmel, verfolgen ihren Lauf und kennen jeden einzelnen von ihnen. Und nun haben wir einen Stern entdeckt ...
Herodes: Ist mir ganz egal. Ob Wissenschaftler oder sogar eines neuen Sternes Entdecker, auch ihr bekommt keine Ausnahmegenehmigung.
Melchior: Majestät, verehrter König! Wir sind nicht gekommen wegen der Steuererfassung. Wir sind gekommen, um Eurem Thronfolger zu huldigen. Wo ist der König der Juden?
Caspar: Ein helleuchtender Stern hat uns hierhergeführt. Nach unseren wissenschaftlichen Erkenntnissen ist dies ein Zeichen, daß hier ein besonderer König geboren wird.
Herodes (*zum Publikum*): Ein neuer König! Das werde ich zu verhindern wissen.
Herodes (*zu den 3 Weisen*): Meine lieben, verehrten Gäste! Ruht Euch erst mal aus von der langen Reise. Wasser zum Erfrischen und gutes Essen stellen euch meine Dienerinnen bereit.
3 Weise gehen weg.
Herodes: König! König! Ich höre immer was von einem König, der noch geboren werden soll. Das müßte ich ja wohl zuerst wissen, wenn da was dran sein sollte. Ist da vielleicht eine Revolte im Gang?! Denn so beliebt im Volk bin ich nicht; das weiß ich wohl. Zunächst will ich Ruhe bewahren und meine Schriftgelehrten befragen.
Ein Schriftgelehrter kommt.
Herodes: Schriftgelehrter! Du kennst dich aus. Was hat es auf sich mit einem König der Juden?
Schriftgelehrter: Das Volk wartet schon lange auf einen besonderen König; auf *den* König. Wann er kommen wird, wissen wir nicht. Die Schriften sagen aber wohl, *daß* er kommen wird und wo er geboren wird. Bei dem Propheten Micha steht: »Und du Bethlehem, die du klein bist unter den Städten in Juda, aus dir soll kommen, der in Israel König sei, von Anfang bis in Ewigkeit.«
Herodes: Weg mit dir, ich will dich nicht mehr sehn. Du bist in Ungnade gefallen. Ich muß etwas tun! Ich bin der König und sonst niemand! Ich werde erst mal eine List anwenden. Zu härteren Mitteln kann ich immer noch greifen. Ich lass' die Weisen aus dem Morgenland forschen; sie werden mir schon Nachricht geben, wo nun

genau der neue König geboren werden soll. Sie ersparen mir Arbeit und Geld.

Die 3 Weisen kommen.

Herodes: Liebe Weisen! Ich hoffe, Ihr habt Euch erfrischt und Ihr habt gut gespeist. Nun will ich Euch Antwort und Rat geben: Geht hin und folgt dem Stern. Forscht fleißig nach dem neugeborenen König, und wenn ihr ihn findet, so kommt wieder und sagt mir, wo ihr ihn gefunden habt, so daß ich komme und ihn anbete.

Balthasar: Seht den Stern! Er zieht weiter.

Melchior: Kommt, wir müssen ihm folgen.

Lied Stern über Bethlehem, 1–4.

(Kinder / Gitarre): *Die Weisen ziehen durch die Kirche und folgen dem Stern.*

Hirten / innen, Engel.

Hirte: Ich bin Hirte; ich hüte schon lange Jahre die Schafe, tagaus, tagein. Auch nachts bin ich im Dienst. Ich habe schon viele Nächte erlebt. Aber heute war eine seltsame Nacht. Ich kann es noch gar nicht glauben, was hier los war.

Hirtin: Ich bin mir auch gar nicht sicher, ob das auch Wirklichkeit war. So hier in der Einsamkeit, mitten in den Bergen, da kommen einem schon merkwürdige Gedanken. Aber, daß alle das gesehen haben, ist schon seltsam. Die anderen Hirtinnen und Hirten sind schon losgegangen. Trotzdem, ich kann es einfach nicht glauben. Wer weiß, was die anderen vorfinden. Die schlagen sich jetzt die Nacht um die Ohren, und hinterher ist womöglich alles umsonst. Es wird sich sicherlich doch als etwas ganz Harmloses herausstellen. Aber wenn ich an das Licht denke. Ich kann es kaum beschreiben. Und dann noch die Stimme, die sagte:

Engel: Fürchtet euch nicht! Siehe, ich verkündige euch große Freude, die allem Volk widerfahren wird, denn euch ist heute der Heiland geboren, welcher ist Christus, in der Stadt Davids.

Hirte: Es war schon irgendwie beeindruckend. Und dann hörte ich viele Stimmen, die sprachen:

Mehrere Engel: Ehre sei Gott in der Höhe und Friede auf Erden und den Menschen ein Wohlgefallen.
Hirtin: Ja, so war das. Aber es ist doch eine Zumutung, einem einen solchen Schrecken einzujagen. Plötzlich wird es hell, und dann spricht da jemand: »Fürchtet euch nicht!« Als ob man da keine Angst bekäme. Ich sehe jetzt noch einmal nach den Schafen, und dann gehe ich auch hin. Ihr Kinder, was sitzt ihr noch in den Bänken. Kommt mit mir in den Stall, zu Maria und Josef und zu dem Kind. – Kommt Kinder, kommt!

Lied: Kommet, ihr Hirten, ihr Männer und Fraun ... (3 Verse).

Maria, Caspar, Melchior, Balthasar, Hirtin.
Melchior: Wir haben euch Geschenke mitgebracht.
Ich bringe dir Gold.
Balthasar: Ich bringe Weihrauch.
Caspar: Ich bringe Myrrhe. Und zu Herodes gehen wir nicht zurück. Der hat nichts Gutes im Sinn.
Hirtin: Wir sind arme Hirten. Wir können dir keine Kostbarkeiten schenken. Ich biete euch aber meine Hilfe an. Maria, ruh dich etwas aus. Ich kümmere mich um das Kind.
Maria: Ich danke euch; ich danke euch allen, daß ihr an meiner Seite steht. Es ist gut, Freundinnen und Freunde zu haben.
Die Hirten sagen, ich habe den Heiland geboren. Das haben ihnen die Engel erzählt. Das kann ich nur schwer fassen. Mein Kind, das soll der Heiland sein?!
Ich, eine einfache Frau, soll *den* geboren haben, auf den alle Welt wartet – ich, jung und unerfahren? Wie kam Gott gerade auf mich? Es gibt doch so viele Frauen auf der Welt! Ich habe nicht gewußt, daß ich so wichtig bin – ich, eine Frau!

Lied: Ich steh' an deiner Krippen hier ... (Vers 1–3 und 9).

Christiane Borchers

»Wie man ein Bild malt«

Die Weihnachtsgeschichte des Lukas in ihrer Entstehung

(Für einen szenarischen Gottesdienst am Nachmittag oder Abend des 24. Dezember)

Die Vorbereitung dieses Gottesdienstes erfordert wenig Zeit. Die Darbietung ist einfach. Im Altarraum (zentral) ist eine Krippe mit einer erst bei dem Lied »Nun wollen wir ein Licht anzünden« zu entzündenden großen Kerze darin (Symbol!) aufgestellt. 3 erwachsene oder jugendliche Sprecher(innen) und 3 im Alter entsprechende Beter(innen) haben sich auf ihre Rollen eingestellt. Dazu kommt noch eine einzelne Singstimme für 2 Strophen aus EKG 16 und für einen kurzen Sprechtext sowie eine Singgruppe für den Kanon »Ehre sei Gott in der Höhe«. Dieser kann aber auch von der Gemeinde gesungen werden.

Die Sprecher(innen) stellen sich während des Eingangsliedes ungezwungen im Altarraum (nicht unmittelbar neben der Krippe) auf; die 3 Beter(innen) treten zu gegebener Zeit an die Krippe, bleiben dort bis zum Schluß. Die Einzelstimme kann auch von einer Empore kommen.

Für die Gemeinde mischen sich neue Lieder mit alten, bekannten. Gerade die neuen Lieder vermitteln die Vergegenwärtigung des Weihnachtsgeschehens. Entweder sind alle Lieder auf einem Liedblatt zur Hand oder aber die vier nicht im EKG enthaltenen: »Uns wird erzählt von Jesus Christ« – »Nun wollen wir ein Licht anzünden« – »Der Heiland ist geboren« – »Wenn Engel in Bethlehem singen«. Ein liturgischer Rahmen – Begrüßung, Eingangsvotum, Ansagen, Gebete, Segen – kann je nach den örtlichen Gegebenheiten hinzukommen.

Eingangslied: Evangelisches Kirchengesangbuch (EKG) 3,1–2
(Strophe 2 geringfügig verändert)

MELODIE: STEHT AUF IHR LIEBEN KINDERLEIN
15. JAHRHUNDERT / NIKOLAUS HERMAN 1560

2. Der Weihnachtstag ist nun nicht fern.
Komm, Jesu Christe, lieber Herr!
Kein Tag vergeht, wir warten dein
und wollten gern bald bei dir sein.

Sprecher(in) 1:
Die Juden in der uralten Zeit hatten keine Bücher,
sondern Schriftrollen.
In diesen Schriftrollen standen die Geschichten
von Gott und den Menschen.
Da stand auch,
daß Gott *Engel* zu den Menschen schickte,
die den Menschen etwas sagten von Gott.
Sprecher(in) 2:
In der Zeit, als Jesus lebte,
waren die Römer Herren im Land.
Die Römer waren die Feinde der Juden.
Die Juden aber warteten.

Sie warteten auf einen neuen König,
auf den König des Friedens,
den Retter,
den Messias,
den Heiland.
Sie hatten große Sehnsucht nach Frieden.
Sie sagten:
Der Retter kommt von Gott.
Er wird uns befreien von den Römern.
Er wird Frieden machen.
Sprecher(in) 3:
Sie sagten:
In Bethlehem wird er geboren!
So steht es in unseren alten Schriftrollen.
Sprecher(in) 1:
Und dann war die Zeit nach Jesus.
Die Römer hatten ihn gekreuzigt.
Es waren 60 Jahre vergangen,
seit Jesus gestorben war.
In dieser Zeit lebte *Lukas*.
Er war einer von denen, die zu Jesus gehörten,
einer von den Jesusfreunden.
einer von denen, die an Jesus *Christus* glaubten.
Lukas war ein *Christ*.
Sprecher(in) 2:
Und Lukas war ein Erzähler.
Er erzählte den anderen Menschen von Jesus Christus.
Er wollte, daß sie auch Christen werden.
Er erzählte:
Jesus ist der, der von Gott kommt.
Er gehört zu Gott.
Und Gott zu ihm,
Jesus Christus will euch helfen.
Er ist der Messias.

Gemeindelied: Uns wird erzählt von Jesus Christ

2. Uns wird erzählt von Jesus Christ,
daß er ganz arm geworden ist.
3. Uns wird erzählt von Jesus Christ,
daß er uns Bruder worden ist.

Text und Melodie: Kurt Rommel
Aus: 111 Kinderlieder zur Bibel, Christophorus-Verlag, Freiburg/Br., und Verlag Ernst Kaufmann, Lahr/Schw.

Sprecher(in) 3:
So hatte Lukas es gehört
von den anderen Christen,
die Jesus selbst noch gekannt hatten.
Lukas hatte Jesus nie gesehen.
Es war ja schon 60 Jahre her, all das mit Jesus.
Aber Lukas hatte gemerkt:
Das, was sie erzählen von Jesus,
das hat sich ausgebreitet über die ganze Welt,
so schnell wie der Wind.
Und Lukas dachte:
Ich muß es auch ausbreiten.
Ich muß es den Leuten klarmachen,
daß Jesus von Gott gekommen ist.
Ich muß es aufschreiben.
Und er schrieb es auf.
Sprecher(in) 1:
Eines Tages kamen einige Christen zu Lukas.
Sie sagten:
Hör mal, Lukas:
Jesus ist der Friedenskönig,
der Messias, der Retter.
Gott hat ihn geschickt.
Das glauben wir.
Mit Jesus ist Licht in die Welt gekommen.
Weil er gut war.
Weil er Gutes getan hat.
Vorher war alles dunkel.
Jetzt ist es hell.
Aber eins wissen wir gar nicht:
Wie war das mit der Geburt von Jesus?
Davon hat niemand erzählt.
Es muß doch etwas Besonderes gewesen sein
mit seiner Geburt.
Wir wissen es nur nicht.
Wie war das, Lukas?
Lukas wußte es auch nicht.

Niemand wußte es.
Es war ja schon so lange her.
Über die Geburt von Jesus
hatte niemand etwas aufgeschrieben.
Sprecher(in) 2:
Lukas dachte nach:
Er sagte:
Wo Jesus wirklich geboren ist,
das weiß ich nicht.
Davon hat keiner erzählt.
Das sind ja schon 90 Jahre her.
Aber eines weiß ich:
Er ist geboren wie alle anderen Menschen auch.
Und seine Mutter hieß Maria. Das ist sicher.
Und groß geworden ist Jesus in der Stadt Nazareth.
Das weiß ich. Dort war Josef Zimmermann.
Und eines wußte Lukas auch noch.
Er glaubte es:
Jesus *ist* der Messias.
Sprecher(in) 3:
Und da hat Lukas plötzlich gedacht:
Ich weiß ja, wo er geboren ist.
Das steht ja in den alten Schriftrollen.
Dort steht, wo der Messias geboren werden sollte:
In Bethlehem!
Sprecher(in) 1:
Und da hat Lukas den Christen,
die ihn nach der Geburt von Jesus fragten,
eine Geschichte aufgeschrieben:
Dies ist die Geschichte:
Sprecher(in) 2:
Aus Rom kommt Befehl von dem Kaiser der Römer,
vom Kaiser Augustus:
Jeder im Reich soll Steuern bezahlen,
Geld für den Kaiser!
Jeder soll in die Stadt gehen, aus der er stammt.
Dort soll er sich eintragen lassen in die Steuerliste!

Josef stammt aus der Stadt Bethlehem.
Er stammt vom König David ab,
der aus Bethlehem gekommen ist
vor 1000 Jahren.
Josef wohnt aber in der Stadt Nazareth.
Er muß nach Bethlehem gehen.
So will es der Kaiser.
Und Josef nimmt seine Frau mit, Maria.
Und Maria soll ein Kind bekommen.

Sprecher(in) 2 entzündet die große Kerze in der Krippe.

Gemeindelied: Nun wollen wir ein Licht anzünden

2. Der Weg, der geht durch enge Gassen,
wo einer einsam und verlassen –
der Weg nach Bethlehem.

3. Der Weg, der geht durch niedre Türen,
er will zur Krippe uns hinführen –
der Weg nach Bethlehem.

4. Der Weg geht, wo der Stern will funkeln,
für alle, die da sind im Dunkeln –
der Weg nach Bethlehem.

5. Uns leuchten aberhundert Kerzen –
der Weg, der geht durch unsre Herzen,
der Weg nach Bethlehem.

Text: Rudolf Otto Wiemer; Melodie: Gert Watkinson
Aus: Christujenna, Christophorus-Verlag, Freiburg / Br., und Verlag Ernst Kaufmann, Lahr / Schw.

Sprecher(in) 3:
Und so ist es geschehen, schreibt Lukas:
Das Kind wird in Bethlehem geboren,
ganz armselig,
in einer Höhle für Tiere,
für Schafe und Ziegen.
Denn sonst ist da kein Platz in Bethlehem.
Zu viele Menschen sind gekommen wegen der Steuer.
Das Kind liegt in der Futterkrippe,
in Windeln gewickelt.
Das Kind heißt Jesus.
Gemeindelied: EKG 4,4
Zu Bethlehem geboren im Stall ein Kindelein,
gibt sich für uns verloren,
gelobet muß es sein.
Sprecher(in) 1:
Lukas schreibt und schreibt.
Er denkt an die alten Geschichten von den Engeln,
die Gott zu den Menschen schickte.
Und da schreibt er:
Sprecher(in) 2:
Auf den Weiden bei Bethlehem sind Hirten,
arme, elende Menschen,
Menschen in Not,
Menschen im Dunkel.
Sprecher(in) 3:
Aber auf einmal ist Licht über ihnen.
Ein Licht geht ihnen auf.
Und ein Bote kommt zu ihnen,
ein Engel Gottes.

Und er sagt eine große Botschaft:
Einzelstimme singend: EKG 16,1
Vom Himmel hoch, da komm' ich her,
ich bring' euch gute neue Mär;
der guten Mär bring' ich soviel,
davon ich singen und sagen will.
Einzelstimme sprechend:
Habt keine Angst!
Gott will euch helfen.
Gott will euch Freude machen.
In Bethlehem ist ein Kind geboren.
Es ist der Messias,
der Retter,
der Heiland.
Ihr findet das Kind in einer Futterkrippe,
es ist in Windeln gewickelt.
Einzelstimme singend: EKG 16,3
Es ist der Herr Christ, unser Gott,
der will euch führn aus aller Not,
er will euer Heiland selber sein,
von allen Sünden machen rein.
Sprecher(in) 1:
Und Lukas schreibt:
Viele Engel sind da.
Die loben Gott.
Und sie sagen:
Licht ist bei Gott.
Und bei den Menschen ist Friede.

Kanon: Ehre sei Gott in der Höhe

Kleiner Chor oder Gemeinde

Text: A und B 1 Lukas 2, 14; B 2 Rolf Schweizer 1975
Melodie: Rolf Schweizer 1975
Kanon zu 4 Stimmen

A

B *Responsorium*

Reihenfolge: A – B – A

Sprecher(in) 1:

Als Lukas das schreibt, da denkt er an den Krieg in der Welt. Und er denkt an die Geschichten von Engeln aus den alten Schriftrollen. Er weiß, Engel mit Flügeln am Himmel sieht man nicht. Aber er denkt immer wieder an die alten Geschichten von Engeln, die Gott dienen in seinem Reich.

Sprecher(in) 2
Und dann schreibt Lukas seine Geschichte zu Ende:
Die Hirten laufen hin nach Bethlehem.
Sie finden Jesus in der Krippe,
Jesus, das Kind.

Gemeindelied: Der Heiland ist geboren

Sprecher(in) 3:
Und sie beten es an, das Kind.

Betende treten an die Krippe.
Beter(in) 1:
Da liegst du,
Kind in der Futterkrippe,
arm auf Heu und Stroh,
gewickelt in Windeln, du Menschenkind,
arm, zu den Armen gekommen.
Beter(in) 2:
Da liegst du,
wirklicher, wahrer Mensch,
gekommen, um zu helfen.
Nichts für dich, alles für mich,
Menschenkind wie ich.
Beter(in) 3:
Da war ein Warten,
ein großes Verlangen,
ein Warten auf den Retter.
Da war eine Hoffnung, Verlangen nach dir,
Hoffnung im Dunkel auf Licht.
Beter(in) 1:
Ein Engel gab Botschaft:
Freude der Welt!
Der Retter ist geboren.
Dies ist der Tag, den Gott uns macht,
laßt uns fröhlich sein.
Beter(in) 2:
Kind in der Krippe:
Glanz über dir,
Gottesglanz, ein Licht.
Hirten in Bethlehem sehen dies Licht.
Sie laufen, kommen und staunen.

Gemeindelied: EKG 28,1–4

JOHANN SEBASTIAN BACH 1736

2. Da ich noch nicht geboren war,
da bist du mir geboren und hast mich dir zu eigen gar,
eh' ich dich kannt', erkoren.
Eh' ich durch deine Hand gemacht,
da hast du schon bei dir bedacht,
wie du mein wolltest werden.

3. Ich lag in tiefster Todesnacht,
du warest meine Sonne,
die Sonne, die mir zugebracht
Licht, Leben, Freud und Wonne.
O Sonne, die das werte Licht
des Glaubens in mir zugericht',
wie schön sind deine Strahlen!

4. Ich sehe dich mit Freuden an
und kann mich nicht satt sehen;
und weil ich nun nichts weiter kann,
bleib' ich anbetend stehen.
O daß mein Sinn ein Abgrund wär'
und meine Seel ein weites Meer,
daß ich dich möchte fassen!

Text: Paul Gerhardt 1653
Melodie: Johann Sebastian Bach 1736

Beter(in) 3:
Kind in der Krippe,
geboren zur Zeit,
geboren in unsere Welt.
Weltgeschichte: große Zeit.
Ein großer Kaiser: Augustus.
Beter(in) 1:
Kind in der Krippe,
du bist nicht gering.
Vergessen ist der Kaiser.
All seine Herrlichkeit dahin.
Ich kenne dich, nur dich.
Beter(in) 2:
Kind in der Krippe,
ich bete dich an.
Ich will es weitersagen.
Ich will ein Bote sein für dich.
Alle sollen es wissen:
Beter(in) 3:
Du bist der König,
König von Gott,
Königskind des Glaubens.
Herrschaft trägst du auf ewige Zeiten,
Königskind des Friedens.
Beter(in) 1:
Friede für alle.

Seid stille und seht:
Schalom für die ganze Welt.
Friede den Menschen, die Frieden wollen,
Friede für dich und für mich.

Sprecher(in) 1:

Und danach sagen die Hirten es überall weiter:
Uns ist ein Kind geboren,
der Retter, der Heiland!
Freut euch!

Gemeindelied: Wenn Engel in Bethlehem singen

2. Wenn Männer sich nicht schlagen,
wenn Frauen zu reden wagen,
wenn Kinder nicht erschrecken,
wenn Hungernde nicht verrecken ...

3. Wenn Wege sind noch offen,
wenn Zweifelnde dürfen hoffen,
wenn Freude weitet die Herzen,
wenn Menschen lachen und scherzen ...

4. Wenn Völker sich erkennen,
wenn Feinde sich Brüder nennen,
wenn Güte uns wird regieren,
wenn keine Soldaten marschieren ...

5. Die Früchte, schwer in den Bäumen,
die Winde in weiten Räumen,
das Schwert, zur Pflugschar geschmolzen,
und Sanftmut lernen die Stolzen ...

6. Wenn Seufzen und Schreien zu Ende,
gebunden nicht mehr die Hände,
wenn keine Bomben mehr fallen,
weil Sehnsucht ist in allen ...

7. Wenn Menschen von Liebe träumen,
wenn sie es nicht versäumen,
in Liebe auch zu handeln –
sie werden die Welt verwandeln ...

Sprecher(in) 1:
Wie man ein Bild malt,
so hat Lukas seine Geschichte aufgeschrieben,
eine Geschichte von Frieden und Freude.
Er hat mit Worten ein Bild gemalt.
Und diese Geschichte ist die Weihnachtsgeschichte.
Seitdem gibt es Weihnachten in der Welt.

Schlußlied: O du fröhliche, o du selige, gnadenbringende Weihnachtszeit

Dietrich Steinwede

Protest der Tiere

Darsteller: *mehrere Kinder als Hunde, Katzen und Vögel. Ein kleiner Extrachor oder die Kinder singen alles selbst.*
Das kann nur die Leiterin oder der Leiter entscheiden.
Kostüme:
Hund: *Strumpfhose und T-Shirt in einer Farbe. Eine Mütze, woran man lange Schlappohren näht.*
Kleines Schwänzchen, Gesicht bemalt. – ***Katze:*** *Strumpfhose und T-Shirt in Schwarz, langer, buschiger Schwanz (alter Pelzkragen), Gesicht bemalt. –* ***Vögel:*** *Strumpfhosen und T-Shirts, Schnabel an einem Gummiband befestigen und über den Kopf ziehen. Wenn noch andere Tiere mitspielen sollen, kann man selbst Phantasiekostüme basteln.*
Szenenbild: *Einige Tannenzweige an den Wänden befestigen. Links und rechts große Tannensträuße oder, wenn vorhanden, kleine Tannenbäume. In der Mitte eine Krippe.*

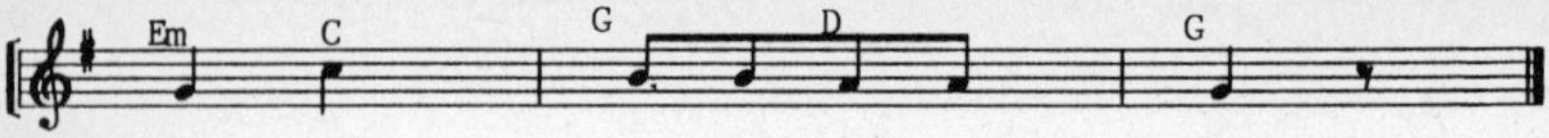

3. wie 1.
Das Christkind ward geboren,
es wirkte ganz verloren,
und Gott hat auserkoren
den Esel und die Kuh.
Sie sahen dabei zu.

4. wie 2.
Wir Hunde und wir Katzen,
wir schimpfen, und wir kratzen,
und auch die kleinen Spatzen
die sehen es nicht ein;
und wolln zum Christkindlein!

5. wie 1.
Wir möchten es besehen
und auch zum Stall hingehen,
das müßt ihr doch verstehen.
Ihr Tiere groß und klein,
stimmt alle mit uns ein.

Alle Tiere machen sich auf den Weg zur Krippe, stehen um die Krippe herum.

6. wie 2.
Nun laßt uns fröhlich singen,
dem Kind ein Ständchen bringen.
Hört zu – so wird es klingen:
Wau, wau, piep, piep, miau-
miau, piep, piep, wau, wau!

7. wie 1.
Wir bringen dir die Gaben,
die sollst du von uns haben
und kannst dich dran erlaben.

Wir wünschen dir viel Glück
und gehn nach Haus zurück.

Jedes Tier legt etwas in die Krippe,
z. B. *der Hund einen Knochen,*
die Katze ein Schälchen Milch
der oder die Vögel ein Säckchen mit Körnern
etc. Danach gehen sie singend weiter.

8. wie 2.
Kommt, laßt das Protestieren,
fangt an zu jubilieren
und sagt es allen Tieren:
Wau, wau, miau, piep,
auch uns hat's Christkind lieb!

Text und Ausarbeitung: Mathilde Oltmann-Steil
Melodie: Paul G. Walter

Es begab sich zu der Zeit

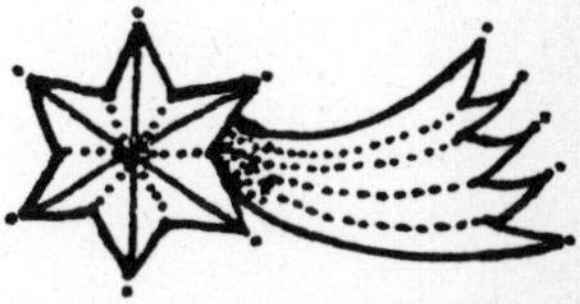

Lukas 2,1 und 2: Es begab sich aber zu der Zeit, daß ein Gebot vom Kaiser Augustus ausging, daß alle Welt geschätzt würde. Und diese Schätzung war die allererste und geschah zur Zeit, da Quirinius Statthalter in Syrien war.

Trompetenfanfare
Regisseurin: Und der Statthalter verkündete dem Volk:
Statthalter: Achtung! Achtung! Alle Leute in Nazareth herhören. Kraft meines Amtes als Statthalter verkündige ich folgenden Erlaß

des großen und mächtigen Kaisers Augustus: Hiermit befehle ich, daß jeder Bürger ab dem 18. Lebensjahr in seinen Geburtsort geht. Dort hat er sich sofort beim Ordnungsamt zu melden und Angaben zu machen über Person, Einkommen und Besitz. Wer sich diesem Befehl widersetzt, wird ins Gefängnis geworfen.

Lukas 2,3: Und jeder ging, daß er sich schätzen ließ, ein jeder in seine Stadt.

Regisseurin: Und Josef sprach zu Maria, seiner Verlobten:
Josef: Ach, Maria, daß die Volkszählung gerade jetzt sein muß; du bist hochschwanger. Jeden Tag kann das Kind kommen. Ich werde eine Ausnahmegenehmigung beantragen.
Maria: Ach, laß nur: Der Arzt hat gesagt, daß ich noch etwas Geduld haben muß; das Kind läßt noch auf sich warten. Darüber war ich zuerst enttäuscht; ich konnte es gar nicht mehr abwarten. Aber nun hat es seine Vorteile. Der Kaiser ist ein harter Mann; der würde sich sowieso nicht erweichen lassen und uns keine Ausnahmegenehmigung erteilen. Laß uns lieber nicht mehr lange warten und sofort aufbrechen.

Lukas 2,4 und 5: Da machte sich auch auf Josef aus Galiläa, aus der Stadt Nazareth, in das jüdische Land zur Stadt Davids, die da heißt Bethlehem, weil er aus dem Hause und Geschlecht Davids war, damit er sich schätzen ließe mit Maria, seinem vertrauten Weibe, die war schwanger.

Kleiner Chor/
3 Kinder
(Lied): Maria durch ein' Dornwald ging ...
(Maria und Josef gehen hin und her.)

Regisseurin: Als sie viele Tage gelaufen waren und es wieder einmal Abend wurde, suchte Josef für sich und für seine erschöpfte Verlobte eine Unterkunft für die Nacht.

Lukas 2,6: Und als sie dort waren, kam die Zeit, daß sie gebären sollte.

Regisseurin: Josef klopft an die Tür.
Joseph (klopft): Guter Mann, habt Ihr für uns einen Platz zum Schlafen?
Wirt: Nein, alles voll. Wir haben keinen Platz. Da nebenan ist noch ein Hotel.
Regisseurin: Maria klopft an die Tür.
Maria (klopft): Frau Wirtin, habt Ihr für uns eine Herberge? Ich bekomme ein Kind.
Wirtin: Ein Kind kommt mir nicht ins Haus. Kindergeschrei macht mich nervös. Wenn Sie schon ein Kind in die Welt setzen, ohne eine Unterkunft zu haben, dann sind Sie selbst schuld. Aus dem Kind kann ja nichts werden.
Regisseurin: Josef klopft an die Tür.
Joseph: Bitte, laßt uns herein; meine Frau kann jeden Augenblick ein Kind bekommen.
2. Wirtin: Unsere Zimmer sind leider alle belegt. Als Notquartier kann ich Ihnen unseren Stall anbieten. Ich weiß, wie das ist bei einer Schwangerschaft; ich habe selbst 6 Kinder zur Welt gebracht. Kinder fragen nicht danach, ob es paßt oder nicht. Sie kommen einfach. Dort drüben ist der Stall. Ochs und Esel sind darin, so ist es dort wenigstens warm. Kommen Sie, ich zeige Ihnen den Weg.

Regisseurin: Und Maria und Josef gingen zum Stall.

Lukas 2,7: Und sie gebar ihren ersten Sohn und wickelte ihn in Windeln und legte ihn in eine Krippe, denn sie hatten sonst keinen Raum in der Herberge.

Stille, Musik oder Orgelspiel

Lukas 2,8: Und es waren Hirten in derselben Gegend auf dem Felde bei den Hürden, die hüteten des Nachts ihre Herde.

Regisseurin: Wo sind die Hirten?
Hirte: Hier bin ich schon, die anderen kommen noch.
Regisseurin: Kinder, kommt nach vorne, ihr sollt zuerst erfahren, was dort geschehen ist.
Da kommen sie, die Hirten; und Hirtinnen sind auch dabei.
(*Kinder kommen nach vorn.*)

Lukas 2,9: Und der Engel des Herrn trat zu ihnen und umleuchtete sie; und sie fürchteten sich sehr. Und der Engel sprach zu ihnen:

1. Engel: Fürchtet euch nicht! Siehe, ich verkündige euch große Freude, die allem Volk widerfahren wird, denn euch ist heute der Heiland geboren, welcher ist Christus, der Herr, in der Stadt Davids.
2. Engel: Und das habt zum Zeichen: Ihr werdet finden das Kind in Windeln gewickelt und in einer Krippe liegen.
Regisseurin: Geht hin, Hirtinnen und Hirten, und seht, was in Bethlehem geschehen ist. Geht zu Maria und Josef und seht das Kind.
(*Kinder gehen zum Stall.*) Liegt dort ein Kind in einer Krippe, und ist es in Windeln gewickelt?
Kinder: Ja.

Lukas 2,13: Alsbald war bei dem Engel die Menge der himmlischen Herrscharen, die lobten Gott und sprachen: Ehre sei Gott in der Höhe und Friede auf Erden und den Menschen ein Wohlgefallen.

Trompetensolo: Vom Himmel hoch, da komm' ich her (1 Vers).
Lied: Vom Himmel hoch, da komm' ich her ...

Lukas 2,17–20: Als die Hirten Maria und Josef und das Kind aber gesehen hatten, breiten sie das Wort aus, das zu ihnen von diesem Kind gesagt war. Und alle, die es hörten, wunderten sich über das, was ihnen die Hirten gesagt hatten. Maria aber behielt alle diese Worte und bewegte sie in ihrem Herzen. Und die Hirten kehrten wieder um, priesen und lobten Gott für alles, was sie gehört und gesehen hatten, wie denn zu ihnen gesagt war.

Regisseurin: Die Hirten kehrten wieder um; das tun die Kinder auch. Sie gehen zurück in die Bänke.

Lied: Nun singet und seid froh ...

Christiane Borchers

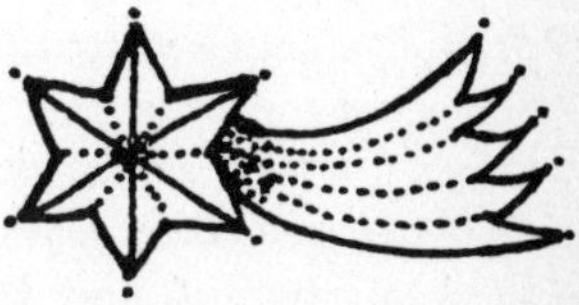

Große Freude für die Hirten

Ein Spiel für die Krippenfeier oder die Kinderchristmette am Heiligen Abend. Je älter die Mitspieler sind (14- bis 16jährige Jugendliche), desto überzeugender wirkt das Spiel. Es schließt sich als Weiterführung direkt an das Evangelium an, das von Lukas 2,1–8 vorgelesen wird.
Das Deckenlicht wird ausgeschaltet, nur der Altarraum als Spielort der 5 Mitspieler ist erleuchtet; 5 Hirten sitzen um ein Lagerfeuer: Wolldecken, Felle, Stroh, Laternen ... ; Hirten: flötend, schnitzend, essend, kochend, flickend ...

Hirte 1: Sind die Schafe zusammen?
Hirte 2 *(schaut sich um)***:** Ja, sie sind alle dicht beieinander!
Hirte 3 *(rubbelt sich die Arme)***:** Oh, ist das kalt heut nacht!
Hirte 4 *(schaut zum Himmel)***:** Wir haben ja auch eine sternenklare Nacht! Kein Wölkchen am Himmel!
Hirte 5: Laßt uns doch näher ans Feuer rücken!
Hirte 1: Ja los, rücken wir eng zusammen!
Hirte 2 *(gähnt)***:** Ich bin müde! Ich lege mich hin!
Hirte 3: Tu das; es war auch ein anstrengender Tag. Wir haben ja auch einen ganz schön langen Weg hinter uns!
Hirte 4: Das ist eine gute Idee! Ich lege mich auch hin!

Hirte 5: Ich auch!
Hirte 1: Genau, gut' Nacht!
Hirte 3: Jetzt muß *ich* wieder auf das Feuer aufpassen – wie immer! *(schläft dann aber auch langsam ein).*

Leises Xylophon- oder Glockenspiel von der Orgelempore; Licht auf der Empore wird angeschaltet.

Hirte 4 *(nach einiger Zeit; räkelt sich)*: Oh, ich hab' schon wieder geträumt! Einen Lichtschein habe ich gesehen und ein leises Klingen gehört *(schaut sich um und auch zum Himmel).* Da ist ja ein Lichtschein am Himmel, und das Klingen höre ich auch! Ich hab' gar nicht geträumt! Ich muß davon aufgewacht sein *(rüttelt Hirten 5 an).* Du, wach auf! Da ist irgendwas am Himmel! Wach auf!
Hirte 5: Ach laß mich schlafen; ich bin müde!
Hirte 4 *(ruckelt Hirten 1, 2 und 3 an)*: Wacht auf! Es ist etwas passiert!

Bis auf Hirten 5 wachen alle auf und räkeln sich.

Hirte 4: Schaut zum Himmel! Seht ihr das Licht und hört ihr das schöne Klingen?
Hirte 1: Ja, du hast recht! Da ist was am Himmel!
Hirte 2: Ist das vielleicht schon der Morgenstern?
Hirte 3: Nein! Dieser Glanz ist viel größer!

Engel erscheint auf der Orgelempore.

Hirte 1 *(erschrocken)*: Da ist ja jemand!

Hirten 2, 3 und 4 erschrecken ebenfalls.

Hirte 2: Wer ist das?
Hirte 3: Ich hab' Angst!
Engel *(mit kräftiger Stimme von der Orgelempore)*: Fürchtet euch nicht! Denn ich verkünde euch eine große Freude, die dem ganzen Volk zuteil werden soll: Heute ist euch in Bethlehem, der Stadt Davids, der Heiland geboren! Er ist Christus, der Herr! Und das soll euch als Zeichen dienen: Ihr werdet ein Kind finden, das, in Windeln gewickelt, in einer Krippe liegt!

Engel geht weg; Xylophon- oder Glockenspiel wird leiser und verklingt; kurze Stille.

Hirte 4: Habt ihr das gehört? Und ich dachte schon, ich hätte geträumt.
Hirte 1: Wer war das?
Hirte 2: Das war ein Engel, ein Bote Gottes!
Hirte 3: Wenn das ein Bote Gottes war, was wollte er dann von *uns*?
Hirte 4: Das hat er doch gesagt: Heute ist uns der Heiland geboren!
Hirte 1: Und das hat der Engel gerade uns *armen*, einfachen Hirten verkündet?
Hirte 2: Ja! Also los: Laßt uns keine Zeit verlieren! Auf nach Bethlehem, wo wir den Heiland in einer Krippe finden sollen!
Hirte 3: Der Heiland für die Welt wurde in einer einfachen Futterkrippe geboren?
Hirte 4: Das hast du doch gehört! Gott wird sich dabei schon etwas gedacht haben!
Hirte 1: Dann laßt uns aber wenigstens ein paar Geschenke mitnehmen!
Hirten 1, 2, 3 und 4 suchen Geschenke zusammen.
Hirte 2: Mensch, da schläft ja noch einer! *(rüttelt Hirten 5 wach).* Wach auf und komm mit! Nach Bethlehem! Heute ist uns der Heiland geboren!
Hirte 5 *(gähnt und räkelt sich)***:** Was ist denn los?
Hirte 2: Frag nicht lange! Komm mit! Wir erzählen es dir unterwegs!
Licht über den Kirchenbänken wird wieder angeschaltet; die Hirten gehen durch den Mittelgang zur Krippe und sprechen alle Kinder an.
Hirten: Kommt mit nach Bethlehem! Kommt mit zur Krippe! Der Heiland ist heute geboren! Kommt alle mit! *(an der Krippe angekommen):* Laßt uns den Heiland verehren und eine Kniebeuge machen.
Der Zug geht durch den Mittelgang zurück in die Bänke.

Thomas Wirth

Sterne über Bethlehem

Mitspieler: *Drei Sterne, zwei Hirten, drei (oder zwei) Räuber, Wirt, Wirtin, Knecht, ein Sprecher.*

Sprecher: Die Erde ist dunkel – kein Licht weit und breit!
Doch drei leuchtende Sterne sich machen bereit –
zu künden den Menschen, ob arm oder reich,
ob gut oder schlecht, ob Herr oder Knecht:
Der Retter, er naht – er läßt niemand allein,
seine Gnad' zieht in jedes Herz hinein!
Stern 1: Mich zieht's aufs *Hirtenfeld* hinaus –
Stern 2: ... und mich in den dunklen, tiefen *Wald* –
Stern 3: ... und mich in des Wirtes gastliches *Haus*!
Stern 1: Ich eil' zu den Hirten, leucht' über ihr Feld,
zu künden das Kommen des Retters der Welt!
Die Sorge ist groß – S'gibt für sie keinen Schlaf,
seit Wochen fehlt des Nachts meist ein Schaf!
Ein Räubergesindel ihr Unwesen treibt,
doch auch dort der Gnadenstern stehenbleibt!

Erste Szene: »Hirtenfeld«

Hirte 1: Die Nacht ist kalt – wir sind allein,
wir müssen bei den Schafen sein!
Fünf Lämmer wurden uns gestohlen,
das darf sich nicht mehr wiederholen!
Hirte 2: Obwohl wir wachen, ist es schwer –
die Sterne leuchten gar nicht mehr! ? –
Es können Räuber in den Hecken,
in Büschen, Bäumen sich verstecken!
Hirte 1: Wenn's weitergeht, sind wir in Not –
verdienen nicht mehr unser Brot!

Drei Nächte wachen – ohne Schlaf,
und trotzdem fehlte oft ein Schaf!
Hirte 2: Das darf heut nacht uns nicht passieren!
Wir gehn hinüber zu den Tieren!
– Mußt' trotzdem ruhn' – bin auf der Hut –
man meint, s'wird heller, das wär' gut!
Komm Bruder – leg' dich untern Baum,
ich wünsch' dir einen schönen Traum!
Hirte 1: Und wenn's auch nur ein Traum wird sein,
der Herrgott läßt uns nicht allein!
Ich träume schon – es naht ein *Stern!* –
wird hell und heller in der Fern!
Hirte 2: Nein, Bruder, s'ist kein Traum, s'ist wahr!
Auch ich erkenn' ihn – *wunderbar*!! –
Der Stern verweilt, erhellt die Nacht.
Sein Schein das Hirtenfeld bewacht!
Hirte 1: Die Schaf' ruhn friedlich, ohne Hirt,
nicht Wolf noch Räuber schaden wird!
Ich spür's hier drinn' – s'ist was geschehn' –
Komm, laß uns zu den andern gehn!
Hirte 2: Das kleinste Lämmlein, nimm's gleich mit,
es folgt dir doch auf Schritt und Tritt!
Auch Brot und Milch – den Käse noch!
Mein Bruder, komm! – Beeil dich doch!
Stern 1: Im Schutz des Lichts die Herde ruht,
denn ich beleucht' sie stark und gut!
Die Hirten ziehn nach Bethlehem,
wo sie bald Gottes Wunder sehn!
Lied

Zweite Szene: »Bei den Räubern«

Stern 2: Ich eile zum Wald – kann nicht länger bleiben,
dort Räuber, Halunken, ihr Unwesen treiben!
S' sind rohe Gesellen – die Herzen wie Stein!
Auch zu ihnen will heut der Erlöser hinein!

Sie rauben die Schafe – die Hirten erschrecken,
Gottes Gnad' wird auch da noch Gutes wecken!
Räuber 1: He, Leute, gebt acht – hört meinen Plan!
Die Nacht ist recht schwarz – wir fangen nun an!
Ein Schaf – oder zwei! S'wird auch diesmal gelingen,
die Tölpel von Hirten zum Zittern zu bringen!
Räuber 2: Wir schleichen wie immer an Büschen und Hecken,
im Dunkeln läßt sich's ja bestens verstecken!
Räuber 3: Ich bleib' lieber hier und schüre das Feuer! –
Doch Hauptmann – S'ist mir heut nicht ganz geheuer!
Denn schaut mal da rüber zum Hirtenfeld! – – –
Das ganze Gebiet ist auf einmal erhellt! ???
Räuber 2: Schaut nur – nun kommt auch der Schein bis hierher!
Das Hirtenfeld drüben, s'ist tatsächlich leer! ?
Räuber 1: Mir ist so plötzlich ganz warm tief hier drin! –
Nicht nach Rauben und Plündern steht mir mein Sinn!
Der Schein dieses Sterns will ein Zeichen uns geben,
zu beenden für immer dies ruchlose Leben!
Räuber 3: Wir suchen die Hirten – sie müssen verzeihn!
S'ist noch nicht zu spät, um Freunde zu sein!
Räuber 2: Bezahlt wird dann für jedes Schaf –
bevor der Himmel uns dafür straft! –
Dann suchen wir Arbeit, für ehrliches Brot,
vorbeisein wird alle seelische Not!
Räuber 1: Wir lebten im Unrecht – ich spür's jetzt genau!
Geh' wieder zurück zu Kindern und Frau!
Alle: Wir wollen's versuchen – kommt, lasset uns eilen!
Wir wollen nicht länger in Dunkelheit weilen!
Stern 2: So wirkte auch hier die Güte des Herrn,
einst Räuber, Halunken – sie folgen dem Stern!
Als Freunde der Hirten, beseelt wie noch nie,
das Wunder von Bethlehem wartet auf sie!
Lied

Dritte Szene: »Bei den Wirtsleuten«

Stern 3: Ich eile direkt zu dem heiligen Ort,
zum Gasthaus »Sternen« – das einzige dort!
Der Wirtsleute Herz hängt an Gut und Geld,
als gäb' es nichts Wichtiges sonst auf der Welt!
Doch hoff' ich, mein Licht bleibt nicht ungesehn!
Drum will ich schnell nach Bethlehem gehn!
Wirt: Das Haus ist voll – die Kass' dazu! –
Ach, Weib, nun gönn' dir etwas Ruh!
Wirtin: Sei still – denk nach, mehr Platz muß sein! –
die Gäste zahlen – s'kommt was rein'!
– Der Knecht verläßt sein Kämmerlein! –
soll rüber in den Kuhstall rein!
Wirt: Ach, Frau – das kannst du doch nicht tun!
Er schuftet schwer – muß richtig ruhn!
Auch ist es kalt, der wird uns krank –
soll schlafen auf der Ofenbank!
Wirtin: Wo denkst du hin? – Dort schlafen wir! –
Dein Zimmer ist bereits Quartier!
Drei Kaufleut' wohnen drinnen schon,
drei Silberstück – ein schöner Lohn!!!
Wirt: Ach, Frau – das geht nun doch zu weit! –
So hör' auf mich! – will keinen Streit!
Wirtin: Sei endlich still! – nur rumzujammern! –
schließ lieber ab die Vorratskammern!
Denn Speck und Schinken, s'muß nicht sein!
S'genügt auch Brot und saurer Wein!
He! – Stoffel! – Mußt aus deiner Kammer! –
beeil dich schnell – es ist ein Jammer!
Häng's Schild gleich raus: »Ein Zimmer frei«! –
Sonst geht die Kundschaft noch vorbei!
Knecht: Frau Wirtin, halt – zwei Leut' schon warten!
Sie stehn und frieren dort im Garten! –
Mein Zimmer soll das ihre sein,
so geh' ich in den Stall hinein!
Wirtin: Sind's reiche Leut' ? – Geh, frag sie schnell! –

das Kostgeld brauch' ich auf der Stell!
Knecht: Ein Handwerksmann – ohn Geld und Brot,
ein schnell Quartier – sie sind in Not!
Die Frau muß ruhn, bekommt ein Kind,
ich hoff', Euch das barmherzig stimmt! –
Wirtin: Barmherzigkeit zahlt sich nicht aus! –
Mein Gasthaus ist kein »Armenhaus«!
Nimm sie mit rüber in den Stall –
das Stroh dort wärmt euch allemal!
Selbst wenn ich's will, ich kann's nicht dulden,
denn wer bezahlt sonst unsere Schulden? –
Zwar ist mir nicht ganz wohl dabei,
doch was ich fühl' – s' ist einerlei! –
schau später bei den Leut' vorbei!
Stern 3: Ja, Habgier, die ist hier nicht weit!
Da bleibt kein Platz für Menschlichkeit!
Und doch fiel schon ein kleiner Schein
der Wirtin in ihr Herz hinein!
In ihrem Stall, ärmlich und klein,
Wohnung für Gottes Sohn wird sein!
Alle Sterne: Vereint sind nun wir Sterne all,
der Glanz erstrahlet in dem Stall!
Ein jeder, der gefolgt dem Schein,
kann nun von Herzen glücklich sein!
Vom Himmel hört man's lieblich klingen,
die Engelchöre jubeln, singen! –
Wir stimmen alle freudig ein –
Dies Kind wird aller Retter sein!
Lied

Alle gemeinsam: Auch heut noch wird dies Wunder wahr,
das dort in Bethlehem geschah!
Das Licht des Herrn – es ist nicht weit! –
S'ist Hoffnung – Liebe – Menschlichkeit!
Verbreitet Licht, wo Dunkelheit,
dann ist der Friede nicht mehr weit!
Renate Kuhn

Kommt, wir gehn nach Bethlehem

Rollen: *Stern von Bethlehem, 2 Hirten, der Mohr, der Eskimo, der Indianer, der Chinese, der Indio, Maria, Josef, der Wirt, die Wirtin, der Knecht, Statistenrollen*

1. Szene: Hirten am Feuer

Hirte 1: Ach, Bruder, s'ist so still die Nacht,
die Herde ruht – ist gut bewacht!
Wie ruhig liegt die Welt und still –
ganz wundersam mir's werden will?
Hirte 2: Ja wirklich, mein Bruder, es ist wie ein Traum,
schau doch – es strahlen selbst Wiesen und Baum!
Ein Engel! – wunderhell und so schön,
seh' ich dort hinten am Wege stehn!
Engel: Ihr Hirten, erschreckt nicht, zu so später Stund'
bring' ich Euch heut allen göttliche Kund!
Euch wird heut geboren ein Kindelein,
das wird der Erlöser der Menschen sein!
In einem ärmlichen Stalle,
geht hin und freuet Euch alle!
Hirte 1: Sag, Bruder – ist's wahr oder ein übler Scherz? –
Doch ja, ich spür's jetzt, mir wird schon ganz warm um mein Herz!
Hirte 2: Kein Spuk narrte uns – s'war ein Engel, bestimmt!
Denk nach, lieber Bruder, was sprach er? Geschwind! –
Vom Kindlein – vom Stall, dem Erlöser er sprach!
Fällt Dir noch was ein? – Bitte denk ganz schnell nach! –
Hirte 1: Ja! – Er sagte noch deutlich: »Freuet Euch all! –
Geht hin, geht hin zu dem ärmlichen Stall!«
Hirte 2: So komm, mein Bruder, was zögerst Du nur!
Dem großen Wunder sind wir auf der Spur!!
Wir werden finden das Kindlein im Stroh,

wie wird mir dabei ums Herz schon so froh!
Hirte 1: Ja, Bruder – spute Dich und sei stille,
daß wir finden das Kind, ist gewiß Gottes Wille!
Die beiden Hirten brechen auf und gehen hinter die Kulissen.

2. Szene: Stern von Bethlehem – Mohr – Eskimo – Indianer – Indio – Chinese

Stern: Der »Stern von Bethlehem« werd' ich genannt,
als Helfer des Engels, von Gott gesandt!
Die Botschaft zu künden ins fernste Land.
So zog ich vom *Nordpol*, beglückt und froh,
kündete dort dem kleinen *Eskimo*!
Weiter ging's dann nach *Amerika*,
das Volk der *Indianer* traf ich da!
Nach Süden zog's mich nach *Mexiko*,
grüßte dort den kleinen *Indio*!
Über *Afrika* stand ich, erhellte die Nacht,
Hab' auch dem *Mohren* gut Kunde gebracht!
Und zuletzt, über *Asiens* riesige Weiten,
ließ meinen leuchtenden Schein ich gleiten!
– Denn dies *Wunder*, das heut noch geschieht auf Erden,
soll zum Segen aller *Nationen* und *Rassen* werden!
Zum Gefolg' hab' ich gute Menschen gemacht,
Ihnen leucht' ich den Weg nun zur
»Heiligen Nacht«!
Danach geht der Stern langsam hinter die Kulissen.
Mohr: O je, wie ist es hier so kalt,
schon lange zieh' ich durch den Wald.
Komm' weit des Weg's aus *Afrika*,
gar lang schon meine Reise war!
Mich führte stets ein »goldner Stern«,
zum Heiland möchte ich so gern!
Der Chinese kommt dazu.
Mohr: Was bist denn Du für einer – sprich? –
Dein Zopf ist schwarz, gelb Dein Gesicht! –
Chinese: Aus Asien komm' ich, ein fernes Land,

nach langem Suchen den Weg ich fand!
Doch wer leuchtet uns nun in der Dunkelheit,
sicher ist's zum Heiland immer noch weit!
Der Eskimo kommt dazu.
Eskimo: Ich weiß nicht – wo ist der Stern nur – Wo??
Vom *Nordpol* komm' ich, der *Eskimo*!
Komm' weit daher, aus Eis und Schnee,
damit auch ich Gottes Wunder seh'!
Dem Heiland will ich lobsingen,
mein warmes Pelzjäckchen ihm bringen!
Chinese: Wir suchen ja auch den Weg dorthin,
doch wer von uns wagt es voranzugehn?
Wir können den Stern im Moment nicht mehr sehn!
Der Indianer kommt dazu.
Indianer: Vom fernen Amerika komm' ich her.
Ich bin der Häuptling »Starker Bär«.
Ich hab' vom Heiland schon gehört,
der bald geboren wird auf Erd'.
Ging fort von meinem Stamm geschwind,
lief um die Wette mit Wolken und Wind!
Ein heller Stern mein Späher stets war,
doch im Moment ist er leider nicht da!
Der Indio kommt dazu.
Indio: Vom fernen Land, von *Mexiko*,
komm' ich, der kleine *Indio*!
Der schönste Stern der ganzen Welt,
stand vor mir stets am Himmelszelt!
Doch im Moment kann ich ihn nicht mehr sehn,
so laßt uns denn zusammen gehn!
Der Stern kommt nun langsam hinter den Kulissen vor.
Eskimo: O seht doch nur – welch heller Schein
glänzt durch die dunklen Tannen herein! – ?
Indianer: Ein Licht! – Vielleicht 'ne neue Spur! –
Vielleicht ist's eine Täuschung nur!
Nun erscheint der Stern direkt vor den Kindern.
Alle: Da bist Du ja, Du goldner Stern,
Der uns geführt aus weiter Fern'!

Leucht' weiter uns den Weg geschwind,
damit wir bald beim Heiland sind!
Stern: Hab' Euch geführt, gelenkt, geleitet,
gar oft hat es Euch Müh' bereitet!
Die lange Reise bis hierher
war manchmal ziemlich hart und schwer.
Doch nun winkt Euch der sichre Lohn,
geboren ist heut Gottes Sohn!

Neben den Kulissen erscheinen nun im Hintergrund die beiden Hirten.

Hirte 1: Schau, Bruder – dort – der helle Schein!
Ein Stern, so groß – so schön – so rein!
ob er soll unser Führer sein?
Hirte 2: Ei, sieh doch nur – welch seltsame Wichter!
Schwarz – gelb und rot sind ihre Gesichter!
Hirte 1: Bestimmt kommt Ihr nicht aus Israels Land –
Eure Kleidung gar sonderbar und unbekannt!
Hirte 2: Doch »Freunde« seid Ihr, das hab' ich gespürt –
Sagt? – Was hat Euch denn hierhergeführt?
Alle: Uns wies der *Stern* den Weg hierher,
zu fürchten brauchen wir nicht mehr!
Geboren ist der Retter der Erde,
damit auf der Welt endlich *Friede* werde!
Beide Hirten: Welch große Gnad' diese Nacht uns bringt!
Kommt alle mit – zum Stall, geschwind!
Hirte 1: Der *Stern* geht voran! –
Hirte 2: Er bleibt stehn – er wird heller! –
Hirte 1: Nur zu! – Beeilt Euch – geht es denn nicht schneller?
Nun ziehen alle Kinder mit den Hirten dem Stern hinterher.

3. Szene: Vor dem Wirtshaus oder Stall, über dem der Stern stehenbleibt

Hirte 1: Der Stern hier verweilt – wir sind am Ziel!
Was er wohl vor diesem Gasthaus will? –
Hirte 2: Dort hinten – ein Stall, in ihm strahlt ein Licht!

Kommt schnell, wir gehn näher – wir fürchten uns nicht!
Wirt und Wirtin kommen dazu.
Wirt: Was soll dieser Lärm? Mein Weib wird gleich wach,
dann gibt's hier gleich wieder den größten Krach!
Wirtin: Nachts, vor unserem Haus, ein solches Geschrei?
– Du holst auf der Stelle die Polizei!
Hirte 1: ... ein Engel kam zu uns aufs Feld und sprach ...
Hirte 2: Dort, wo der Stern verweilt allemal,
wird ein Kindlein geboren in einem Stall!
Dies Kind wird unsere Rettung sein,
drum laßt uns in den Stall hinein!
Wirtin: In einem Stall? – Der Erlöser der Welt?
Da hat Euch doch jemand ein Märchen erzählt!
Wirt: Das beste Gasthaus wär' hier nicht genug! –
Das kann doch nicht wahr sein, das ist doch Betrug!
Alle: Wir *alle* folgten dem gleichen Stern,
der uns geführt aus weiter Fern'!
Wirtin: Der *Stern* hier? – Ja, der kommt auch mir seltsam vor! –
Mann! – Eil Dich und öffne doch schnell mal das Tor!
Nun stehen alle gemeinsam vor der Krippe.
Alle: Wir stehn vor dem Wunder der Heiligen Nacht,
das Gott zum Heil aller Völker vollbracht!
Stern: Bis hierher wies ich Euch auf allen Wegen
zum Heiland der Welt – Eurem Retter entgegen.
Sein Segen nehmt mit in Euer Land,
damit Gottes Werk auch dort wird bekannt!
Nun bringen die Kinder nacheinander die Geschenke.
Eskimo: Vom hohen Norden schenk' ich Dir dies Jäckchen!
Chinese: Aus China, den Reis, ein ganzes Säckchen!
Indianer: Aus dem Land der Indianer, mein Büffelfell!
Indio: Aus Mexiko klingt Dir die »Panflöte« hell!
Mohr: Und aus Afrika meine Grüße kamen,
ich schenke Dir diese Stange Bananen!
Hirten: Hier Käse und Milch von unseren Schafen,
damit das Kindlein ohn Hunger kann schlafen!
Stern: So ist nun vorbei für alle die Not,
egal, ob sie *schwarz*, ob *weiß*, *gelb* oder *rot*.

Denn vor Gott sind alle *Rassen*, alle *Völker* ganz gleich,
für *jeden* schuf er sein himmlisches Reich!
Drum gebt Euch die Hände und vertragt Euch in Liebe,
so kehrt ein in der *Welt* nach und nach echter *Friede*!

Renate Kuhn

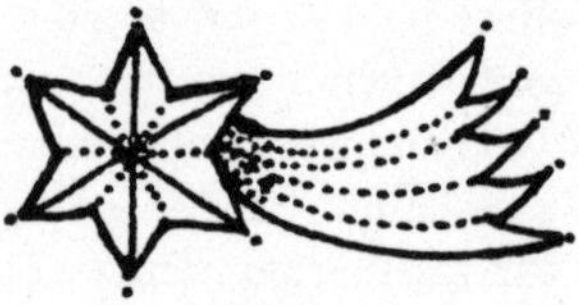

Weihnachtsspiel

Reporter (R): Meine Damen und Herren!
Wir befinden uns auf dem Hauptbahnhof, um bei dem großen Ereignis live dabeizusein. Mit Spannung wird ein großer Mensch erwartet. Die Bahnhofshalle ist überfüllt; alle wollen ihn sehen, alle wollen ihn begrüßen, wenn er kommt. Alle möglichen Leute haben sich zu dieser Stunde hier versammelt; ich sehe sogar einige Kinder mitten im Gewimmel. Auch sie sind schon ganz aufgeregt.
(Mutter und Kind stehen Hand in Hand.)
Kind: Mutti, schau doch mal! Da, das Licht da drüben!
Mutter (1. Frau): Hier sind so viele Lichter! Welches meinst du denn?
Kind: Na, das ganz besondere Licht da drüben. Es sieht grad so aus, als käme es auf uns zu! – Das muß ich mir von nahem anschauen. Laß mich los, ich will dahin!
Mutter: Nein, du bleibst hier! Du kannst doch nicht wegen irgendeinem Licht davonlaufen!
Kind: Es ist nicht irgendein Licht. Es ist ein besonderes Licht!
Mutter *(zieht das Kind weg)*: Jetzt komm endlich weiter. Wir haben hier schon genug Zeit verloren.
R: Ich werde mich jetzt ein bißchen unters Volk mischen und mich umhören, wie die Leute sich diesen großen Mann vorstellen und was sie von ihm erwarten.

R fragt 2. Frau: Warten Sie auch auf diesen besonderen Menschen, oder sind Sie zufällig heute abend hier?
2. Frau: Zufällig? Oh, nein! Ich habe mal gehört, daß er einem vielleicht weiterhelfen kann. Mein Mann sucht eine Arbeitsstelle. Ich werde ihn fragen, ob er eine für meinen Mann hat.
R: Hm. Kann sein. Wenn er wirklich so gute Beziehungen hat ... Also, viel Glück!
R fragt 1. Mann: Wissen Sie eigentlich, wie alt dieser Besondere sein soll, den wir hier erwarten? Und wissen Sie vielleicht auch, in welchem Hotel er wohnen wird?
1. Mann: Keine Ahnung. Ich weiß gar nichts. Ich warte hier, weil alle warten. Ich bin halt auch neugierig. Ich hoffe, es dauert nicht mehr so lange. Ich steh' mir ja die Beine in den Bauch!
2. Frau: Diese Warterei! Ich geb's auf. Ich friere. Was soll's. Wenn der wirklich so groß und wichtig ist, kommt der sicher im Radio oder im Fernsehen *(geht weg)*.
3. Frau: Ich friere auch, aber ich warte trotzdem. Es kommt schließlich nicht alle Tage einer wie er. Wenn ich hier auf ihn warte, kann ich ihn selbst sehen und richtig reden hören. Ich halte durch, bis er kommt.
R *(kommt näher)* **fragt 3. Frau:** Entschuldigen Sie, ich habe Sie eben sagen hören: »Ich halte durch, bis er kommt« – Der Abendzug ist immer voll! Sagen Sie, woran erkennen Sie ihn eigentlich, wenn er aussteigen wird?
Kind *(ruft dazwischen)*: Ich weiß es! Ich weiß es!
R: So? Du? Dann sag's uns mal, woran Du ihn erkennen wirst. Woher weißt Du denn, wie er aussieht?
Kind: Ich weiß es doch gar nicht, wie er aussieht *(einige lachen)*, aber ich weiß genau, daß ich ihn erkennen werde. Je länger ich hier warte, desto genauer weiß ich's. Und außerdem habe ich vorhin ein ganz besonderes Licht entdeckt. So was kann bestimmt nur er machen. Es sah aus wie ein Stern, nur noch viel schöner. Und es war ganz nahe. Also muß der große Mann auch ganz in der Nähe sein.

Erwartungen

Die Leute in unserer Geschichte sind zum Bahnhof gekommen. Sie haben ihre warme Wohnung verlassen und haben sich auf den Weg gemacht. Die Erwartung hat sie »bewegt«.
Feiern wir hier, weil es der Kalender so vorgibt, oder erwarte ich Gott in meinem Leben? Bewegt uns auch Hoffnung und Erwartung? Gott will erwartet sein, sonst werden wir ihn wohl nicht finden können.
Die Leute in der Geschichte stehen auf dem Bahnsteig und warten. Wir feiern Weihnachten, die Ankunft des Erwarteten. Wie stehen wir selbst auf dem Bahnsteig: als zufällige Passanten? Als Begleitung für die Kinder? Als solche, die den Kommenden erwarten?

R: Hm *(räuspert sich)*. Meine Damen und Herren, die Stimmung ist auf dem Höhepunkt angelangt. Selbst Kinder sind vor Erwartung schon ganz aufgeregt.
(Kleine Pause, Zuggeräusche, Bremsen.)
Das war der letzte Zug für heute. Da muß er drin sein. Wir sind gespannt, wer jetzt aussteigen wird.
(Einige Leute steigen aus, darunter ein Paar. Wir sehen, daß das Paar verschiedene Leute anspricht. Leute weisen ab, einige desinteressiert, einige traurig, hilflos, andere entschieden.)
R: Meine Damen und Herren, ich kann den ganzen Bahnsteig überblicken, aber ich habe nichts Besonderes bemerkt. Ob der, auf den hier alle warten, überhaupt gekommen ist? Da steigt gerade der Schaffner als letzter aus dem Zug. Den werde ich fragen. Sie sind doch der Schaffner des letzten Zuges?
Sch: Das sehen Sie doch, Mann.
R: Eine Frage: War der große Mensch, der hier erwartet wird, im Zug?
Sch: Wissen Sie was? Große Leute interessieren mich jetzt wenig. Ich muß mich doch um das junge Paar da drüben kümmern. Die brauchen dringend eine Unterkunft. Sie sehen ja, die Frau wird sehr bald ein Baby bekommen. Die Leute hier *(zeigt auf die anderen)* konnten nicht weiterhelfen. Manche wollten es auch gar nicht. Bei

mir zu Hause ist es viel zu eng. Ich muß wohl jetzt ein Hotelzimmer finden.

R: Oh je, da haben sie ausgerechnet heute Pech. Die ganze Stadt ist überfüllt, es ist kein Zimmer frei, weil doch dieser ganz besondere Mensch erwartet wird.

Sch: Was soll ich nur tun? *(überlegt, geht dann zu Maria und Josef, die verloren auf dem Bahnsteig stehen).*

Sch zu M + J: Es tut mir so leid. Ich hab's versucht, aber es ist nichts zu machen. Kein Zimmer in der ganzen Stadt.

J: Aber wir können nicht mehr weiter. Das Kind kommt bald!

Sch: Vielleicht gibt's doch 'ne Möglichkeit. So als Notbehelf *(zögert).* Ich habe hier ganz in der Nähe eine Gartenhütte. Die ist zwar jetzt im Winter kalt und ungemütlich. Aber immerhin hätten Sie ein Dach über dem Kopf. Mehr kann ich Ihnen nicht anbieten. Kommen Sie, ich zeige Ihnen den Weg *(Sch und M + J gehen ab).*

In Not sein

Könnt Ihr Euch vorstellen, wie es Maria und Josef jetzt geht? Auch heute gibt es Menschen, die so wie Maria und Josef in Not sind. Es fehlt an Nahrung, Kleidung, Wohnung, Gesundheit, Frieden, Heimat. Das ist sehr schlimm. Schon mal davon gehört? Kennt Ihr solche Menschen? Denkt Ihr, da kann sich was ändern? Wie? ... selber helfen? Habt Ihr eine Idee, was wir tun können, damit diese Leute nicht hoffnungslos werden? Der Schaffner in unserer Geschichte hat eine Idee, was er tun kann. Mal sehen, wie es im Spiel weitergeht.

R: Jetzt ist sogar der Schaffner weggegangen. Immer mehr Leute machen sich auf den Heimweg. – Hier am Bahnhof wird sich jetzt wohl nichts mehr tun; es kommt heute kein Zug mehr rein. Ich gehe jetzt auch gleich. – *(Sch kommt wieder.)* Ah, da kommt ja der Schaffner wieder. Hallo, Herr Schaffner, ist er doch noch angekommen?

Sch: Keine Ahnung. – *(ruft laut:)* Alle mal herhören! *(Leute kommen näher.)* Haben Sie vorher das junge Paar auf dem Bahnsteig gesehen?

1. Mann: Meinen Sie die, die ein Zimmer gesucht haben?
1. Frau: Meinen Sie das Paar, wo die Frau bald ein Kind bekommt? Was ist mit denen?
Sch: Es gab kein Zimmer in der ganzen Stadt. Ich hab' sie in meine Gartenhütte gebracht. – Und wie ich gerade gehen wollte, sagte die Frau: »Es geht los, das Kind kommt!« O Gott, ich bin ganz aufgeregt. Ich weiß doch nicht, was da zu machen ist. Bitte helfen Sie den Leuten doch!
1. Mann: Ich geh' heim und hole ein paar Decken. Es ist bestimmt kalt da draußen.
3. Frau: Ich werde ein paar Windeln bringen.
2. Mann: Bestimmt haben die nichts zu essen bei sich. Ich hole etwas.
Sch: Oh ja, beeilen Sie sich bitte. Wir treffen uns vor dem Bahnhof und gehen dann zusammen zur Hütte.
Kind: Ich will auch mit! Wenn das Baby schon da ist, schenke ich ihm meine Puppe.
R: Hier auf dem Bahnhof ist nichts mehr zu erwarten. Ich werde dann halt auch mit zu dieser Hütte gehen. Vielleicht kann ich aus dem, was mich da erwartet, eine Geschichte machen.

Das Naheliegende tun

Oft ist es gar nicht so schwer zu merken, was jemand braucht. Dazu genügen offene Augen, den anderen wahrzunehmen. Es sind keine großartigen Dinge, die die Leute in unserer Geschichte da anbieten. Sie tun, was sie tun können. Aus vielen kleinen Dingen kann eine große Hilfe werden. Was wäre, wenn sie den Schaffner im Stich gelassen hätten? Allein hätte er kaum was ausrichten können. Außerdem macht es Freude, gemeinsam anzupacken. Offene Augen können leere Hände füllen: Die Leute hier gehen auf das junge Paar zu, das sie nie zuvor gesehen haben. Aus Fremden können Nächste werden. – Haben Sie so etwas auch schon mal erfahren?
(Alle setzten sich in Bewegung.)
Sch: Wir wollen etwas schneller gehen, es eilt.
2. Mann: Hoffentlich geht alles gut.

Kind: Da! Seht Ihr das? Das Licht! Das Licht, das schon am Bahnhof so hell geleuchtet hat. Da über der Hütte ist es. Es scheint immer heller zu werden!

(Leute bleiben stehen.)

R: Lassen Sie mich vor. Ich muß das ganz genau sehen. Ja, tatsächlich, über der Hütte ist ein ganz besonderes Licht. So etwas habe ich noch nie gesehen.

Sch: Was bedeutet das? So ein Licht über meiner Hütte! So nah. Schnell, so beeilen Sie sich doch, gleich sind wir da.

(Kleine Pause. Alle, bis auf den Schaffner, beeilen sich. Sch geht hinein. Sch kommt wieder.)

Sch: Das Kind! Das Kind ist auf die Welt gekommen. Es ist gesund und munter. Kommen Sie und sehen Sie selbst. Ich könnte platzen vor Freude. Das ist ein ganz besonderer Tag heute und ein ganz besonderes Kind!

Wer sich öffnet, empfängt

Das können wir deutlich am Schaffner sehen. Als er aus dem Zug ausgestiegen war, war er müde und wollte nach Hause. Da war es doch ziemlich lästig, sich auch noch um zwei junge Leute zu kümmern. Trotzdem tat er es. Er nahm für die beiden Fremden Mühe auf sich – und jetzt ist er selbst der, der eigentlich beschenkt wurde. Wer sich öffnet, empfängt. Riskieren wir es also auch, Vertrauen zu wagen und ungeplante neue Wege zu gehen. Weihnachten heißt ja: sich öffnen für die Zeichen Gottes in der Welt, damit uns Lichter aufgehen und wir Gottes Nähe bemerken.

R: Die sind ja plötzlich alle ganz außer sich – wegen eines Kindes in einer kargen Hütte. Ich versteh' das alles nicht.

1. Frau: Wie reden Sie denn da; ich glaube, Sie verstehen das wirklich nicht. Ich jedenfalls freue mich, als wär's mein eigenes Kind. Noch mehr sogar!

1. Mann: Ja, genau, dieses Kind ist für uns alle geboren worden. Ist es der, auf den wir gewartet haben? – Ja klar, er ist es! Das Kind ist es! –

2. Mann: Es ist so hell und friedlich hier. Ich möchte gar nicht mehr wegschauen. Wenn ich mir vorstelle, ich wäre schon nach Hause gegangen ... Dann hätte ich ihn ja verpaßt ...
3. Frau: Ich bin so froh. Ich möchte dem Kind und seinen Eltern auch gerne eine Freude machen.
Kind: Ich weiß, wie! Ich schenk' ihm meine Puppe. Und dann wollen wir singen, tanzen und uns freuen!
(Ruft:) Hallo, Kinder! Kommt alle her. Wir wollen zusammen singen und uns freuen.

Anschließend alle: Spiellied:

Meine beiden Hände

Text: nach Marina Palmen; Musik: Ludger Edelkötter
Aus: Hallo du im Nachbarhaus

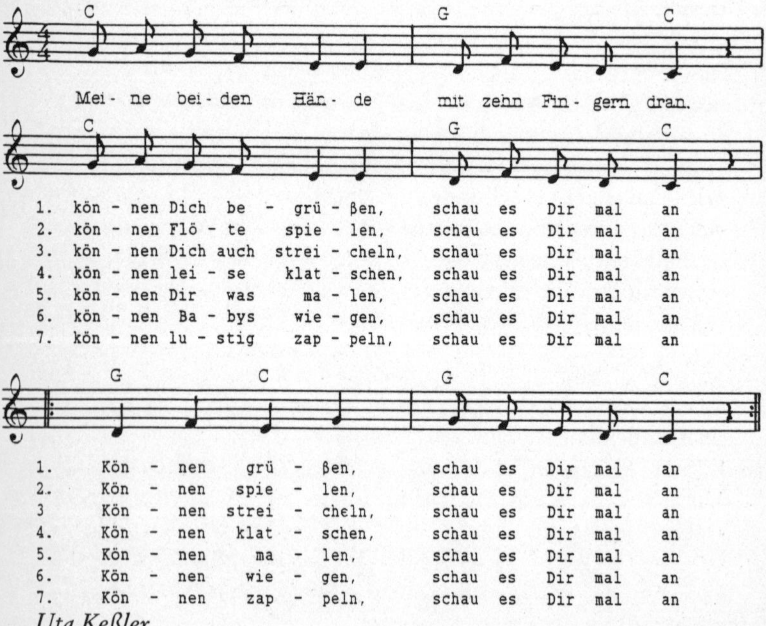

Uta Keßler

Die Lieder auf den Seiten 20 (unten) und 75 finden sich auch auf der Musikkassette: Wir feiern den Advent (PGW 026); die Lieder auf den Seiten 21, 24, 25, 28, 31 ff., 34, 36, 59 und 61 finden sich auch auf der Musikkassette: Nun zünden wir die Kerzen an (PGW 018); die Lieder auf den Seiten 23, 71, 77 und 78 finden sich auch auf der Musikkassette: Gott, du bist ja bei mir. Zu allen genannten Kassetten ist ein Liedspielheft erhältlich. Beides kann bezogen werden im Musikbär Verlag Paul G. Walter, Eichenweg 15a, 6905 Schriesheim, Tel.: 06203/63775.